U0029595

會計之神教我的
金錢守則

教我的

金計の神さまが教えてくれたお金のルール

一生不再
為錢困擾的
會計智慧

MONEY RULED

「最會說故事的」日本會計師

天野敦之

婁愛蓮———譯

了解「會計力」
就不用過著為了錢所苦的人生！

——盧卡·帕西奧利

原來「會計力」闡述的法則，
工作、金錢、人生都用得到！

改變一生的會計力

在一般人的心目中,「會計」就是一堆數字和表格的結合,常常莫名其妙便累積了一長串,搞得大家眼花繚亂,滿臉黑人問號,不知從何處讀起。但在全球貿易無國界的今日,追溯其起源,首先將這些以複式簿記為基礎的「會計智慧」,付諸於文字,進行系統化整理的人,就是文藝復興時期,有「近代會計學之父」稱號的義大利數學家盧卡‧帕西奧利。

這套會計制度,經由不同時期的演變與創新,促進商業的興盛,包括後來誕生的「股份有限公司」以及「產業革命」,都與之息息相關。同樣的,也深深融入我們的工作和生活中,無法分開。

時序進入二十一世紀，一個平凡的單身上班族，遇見來到現代的盧卡‧帕西奧利，向他學習靈活運用與應用金錢的守則（會計力），不但自己獲得滿足，也成就他人的幸福，徹底地改變了人生。

　　本書以輕鬆說故事的對話方式展開，將所有的人都必須擁有的會計力，一一闡述剖析，舉例說明，既實用且行之有效，原來，會計一點都不無聊，而且還很迷人！

第一章

江湖在走，會計力要有

第二章

活用複利效果，讓錢滾錢

‣ 第三章 ‣

借力使力，活用槓桿的力量

第四章

讓資金流動，加快周轉速度

第五章

掌握損益架構，創造價值

第一章

江湖在走，
會計力要有

近代「會計學之父」——
盧卡‧帕西奧利悄然現身

「領這樣少的薪水,做這麼多工作,真是不划算!」

我忍不住對坐在隔壁的同事岡田抱怨。

今天是我們業務部第二課的聚餐。我的工作,主要是負責向企業販售營運資源系統的軟硬體設備。

我和岡田同時進入公司,今年是第四年,半年前我們兩個人一起晉升成為主任。雖說是升職,但薪水只有加一點點,相較之下,反而增加了照顧下屬的責任。禁止加班是勞動改革的項目之一,但工作量並沒有減少,結果就變成現在這種不把工作帶回家,就做不完的情況。雖然待遇不算低得可憐,但若和工作的時間相比,實在划不來。

「松井,你真的是沒有『會計力』(literacy[01])耶!」

回頭一看,業務課長小林小姐喊我的名字。她是何時偷跑過來的?記得剛才還在別桌的啊?

---

01 literacy 一詞,原本是指「識字、讀寫的能力」,如今含有正確理解、解讀、分析、表現、活用和應用的意思。

「商學系出身的不是都懂簿記嗎？你這根本就是『暴殄天物』嘛！」

上司小林小姐以年紀最輕之姿，一躍成為業務部第二課的課長，是人稱的女漢子。她的為人直率，表裡如一，不僅深獲高層信賴，也很受部下愛戴。只是有一點不好，就是一喝了酒，馬上嘴裡不饒人。這也是她的魅力所在，但如果被她鎖定為目標就得受了。

「『會計力』是什麼意思呢？」
「就是活用和應用會計知識的能力。在商界裡討生活，大家都會說自己有簿記檢定幾級的資格，或是懂會計分錄什麼的。但比起這些，能否巧妙運用才是重點。」
「活用會計知識的能力……」

我嘴裡喃喃自語著。說實在的，我大學念的是商學系，修過會計，還通過簿記三級檢定 02。可是因為對管理部的工作內容不怎麼感興趣，所以在參加就業活動時，首選志願是填業務，之後也如願以償地進入業務部。

業務部的工作，要用到會計或簿記的機會微乎其微，我

---

02 簿記檢定資格有分日商簿記、全商簿記以及全經簿記三個種類，一般說的大多是指日商簿記。三級主要是商業簿記，而二級以上則包含工業簿記（成本計算）。

都忘了自己是學商的，也根本忘記曾取得簿記檢定的資格。

「可是在業務部，要怎麼應用會計的知識啊？」
「你都已經升為主任！又不是新進人員，這些應該要自己先動腦筋想一下嘛！」

到底該怎麼做？我早就把會計的一切忘得一乾二淨了，如果不重拾書本重新學習，根本找不到頭緒吧？

「哎呀，也是啦，如果有會計力幫忙，就不會說出『領的薪水不划算』這種話了。」

會計力：活用會計知識的能力。這到底是什麼意思？我偷偷用手機搜尋了一下，維基百科沒有，也找不到定義明確的答案。這該不會是小林小姐自己發明的理論吧？

雖然對她那番話百思不解，但我還是去了續攤的卡拉OK，然後醉醺醺地搭了末班電車回家。

我是靜岡人，因為要到東京讀大學，所以從那時起，就開始一個人在東京生活，一直到現在。本來打算和大學時期就認識交往的女友住在一起，所以半年前升職為業務

部主任後，便搬到比較寬敞的住處，誰知剛換了新家就和
她分手了。

　　之後每天的活動範圍就是公司和住處，沒有再交新的
女朋友，就這麼平淡度日。我對公司的工作也漸漸失去熱
情，不再覺得有趣。薪水雖然不算低，但不知怎地，錢總
是剛好夠用而已。上個月我才剛過二十六歲生日，難道我
的人生就只能這樣了嗎？

　　「啊，會計力……」

　　我一邊叨唸著，一邊從書架上取出布滿灰塵的會計學
書本。這是念大學時買的參考書，因為內容艱深難懂，我
只讀了最開始的部分。搬家的時候原本要處理掉的，可是
一想到購買時所費不貲，覺得丟掉有些可惜，所以就一直
留到現在。

　　躺在床上我開始隨便翻閱，第一章是「會計的歷史」。
上面敘述現代會計的基礎複式簿記 03，是在文藝復興時期問
世並記載於書中。文藝復興時期商人所應用的複式簿記運
作機制，於一四九四年最先被整理成一本名為《算術、幾
何、比例總論》的書，作者是一個名叫盧卡·帕西奧利（義

03　複式簿記是指記錄一筆交易的原因和結果之方法。

大利語：Luca Pacioli）⁰⁴ 的修道士，也是一名數學家，更被譽為「近代會計學之父」。

「盧卡・帕西奧利……那時因為害怕考試會考，所以前一晚拚命死背下來，真是令人懷念啊！不過這個什麼盧卡・帕西奧利還真是個怪名字。」

我一邊想著一邊往下讀，但會計學理論不管怎麼看都一樣無聊。這種知識真的可以應用在工作上嗎？一想到這裡，我開始眼皮沉重，然後不知不覺地進入夢鄉。

「喂，你說誰的名字怪？」

聽到有人的聲音，我驚醒過來。
咦？是在做夢嗎？

「喂，你！你說誰名字怪？」

沒錯，有人在說話。

「到底是誰？是你？」

04　盧卡・帕西奧利（Fra Luca Bartolomeo de Pacioli, 1445 年～ 1517 年），是義大利的數學家，被譽為「近代會計學之父」，也是一位修道士。

在我睡的床鋪邊，就在伸手可及的近處，站著一個穿著類似僧袍布料、身材瘦高的男子。他板著臉孔，生氣地瞪著我。難道是強盜？

「喂……喂！我家裡可沒有半點值錢的東西哦！」

我用顫抖的聲音喊著。

「知道怕就好。因為你亂講我的事，我氣不過才出來的。」

亂講他的事？他在說什麼？不管了，我得快點報警才行。我開始找尋手機，真糟糕，手機正放在這男子的後方充電。

「你！剛剛說我閒話，笑我名字奇怪對不對？」

這傢伙到底是誰啊？說話的腔調也是怪怪的關西腔。屋子裡出現陌生男子，這怎麼想都是危險的情況，但或許是那奇怪的腔調吧？我不再顯得緊張了。鎮定下來後仔細

一看，這男的雖然一臉嚴肅，但外表並不可怕，年齡大約五十歲左右吧？

「別看我這樣，我可是位數學家，也是一個修道士。」

「數學家？修道士？啊！難不成你是那個盧卡·帕西奧利?!」

「沒錯。我就是帕西奧利。」

▶ 所有的工作都必須具備「會計力」

這是怎麼回事？我記得我曾取笑過這個名字怪，所以他在我睡著之前，就已經在這屋裡了？開什麼玩笑？

「盧卡·帕西奧利是文藝復興時期的人，不可能會活到現在吧？你在說什麼鬼話？」

「哎呀，這些細節就不用再深究了。比起這個，你是不是被說沒有會計力啊？」

「咦？你怎麼知道的？」

　　沒錯，這是在做夢。被小林課長那樣說很受打擊，難怪現在會做這樣的夢。

　　「你的上司說的很正確。**你之所以會工作不順、人生不如意，就是因為沒有會計力。**」

　　「所謂會計力之類的，是什麼意思啊？」

　　「你上司不也說過嗎？就是活用、應用會計知識的能力。你這麼快就忘啦？」

　　「沒有啦，我還記得，只是會計力這個名詞，我很少聽人說過。你認識小林課長嗎？」

　　「當然認識啊！我沒有什麼是不知道的。」

　　這個夢來得還真是時候。不如趁著夢醒之前，好好地問個仔細吧！

　　「請問，我是業務部的人員，為什麼跑業務也必須要懂會計啊？」

　　帕西奧利失望地聳了聳肩，愣了一下後嘆了口氣。

　　「你真的是什麼都不懂！不僅僅是做業務的，**只要是有在工作的人，都應該要有會計力才是。**」

有在工作的人最好都要擁有會計力？真的是這樣嗎？

話說回來，在找工作的時候，我也聽說上班族儘量要懂會計。之所以會取得簿記三級的資格，也是因為覺得具備會計能力，在找工作時會更加分。但在進入職場之後，我根本不曾用到簿記的知識，認為上班族必須擁有會計能力的想法，早已拋到九霄雲外。

「更進一步說，**就連家庭主婦和學生也一樣，只要活著就必須要有會計力。**」

「不工作的人也必須要有會計力？」

「沒錯。人活著就一定離不開錢吧？既然離不開錢，就不能沒有會計力。如果沒有會計力，這一輩子都會為錢所苦。」

「一輩子為錢所苦？」

這可不是小事。我現在就已經為錢煩惱，如果這種情況一直持續下去，實在不敢想像未來會是怎樣。可是，大學時代學習的會計或簿記知識，和一輩子吃穿不愁能扯上什麼關係？這真的教人難以想像。難道是指記錄家庭收支的流水帳嗎？

「請問，你是指能夠記帳，懂得管理金錢嗎？」

「不。雖然平日有記帳習慣很令人欽佩，但如果是這種程度的會計應用，最好還是不要特別使用『會計力』這樣的字眼。」

也對。小林小姐要表達的，應該也不是這個意思吧！

「現在說的重點，是你工作不上不下、人生得過且過的，都是因為沒有會計力。」

「等等。別看我這個德行，好歹我也是大學商學系畢業的，且有簿記三級檢定的資格哦！」

「這些根本毫不相干。如果你真的有會計力的話，就不會過得像現在這個樣子了。」

一時之間，我語塞說不出話來。這傢伙對我現在的狀況，到底了解到怎樣的程度？

「唉，擁有簿記一級檢定資格，卻沒有會計力的人多的是。這也沒什麼好奇怪的。」

「有簿記一級檢定資格還沒有會計力？這是為什麼？」

「簿記終究只是會計的一部分罷了。有些人不也對會

計知之甚詳，但一輩子還是過得馬馬虎虎的？」

　　我的腦海裡浮現出和我同期進入公司，在管理部任職的田中先生。他雖然擁有簿記二級檢定的資格，但不論是工作或是人生，都沒有過得一帆風順。可是，會計與人生息息相關這種說法，我實在無法聯想在一起。

　　「為什麼會計力對工作或是人生都有幫助……」
　　「還是不懂啊？」
　　「方便的話，你可以教教我什麼是會計力嗎？」

　　不論是夢境也好，現實也罷，我都無所謂。或許這就是改變我人生的轉捩點了。想到這裡，便希望他能好好指導我。

　　「這樣啊，剛才你還取笑我名字怪呢！」
　　「這一點我很抱歉，但絕對沒有惡意。」
　　我誠懇地低頭賠不是。

　　「我的收費很貴哦！」

「啊？要交學費啊？」
「當然吶，哪有學什麼是不用錢的？」

到底要多少錢呢？幾萬元？幾十萬元？

「帕西奧利先生被譽為『近代會計學之父』，收費貴是當然的事。可是老實說，我現在沒有多餘的錢可以付這筆學費。」
「近代會計學之父？你剛剛是稱我為『近代會計學之父』嗎？」

一說到這裡，帕西奧利的眼神變了。他的嘴角上揚，看起來樂不可支。

「是啊，會計學課本裡是這麼寫的。」
「近代會計學之父？嗯，這個名號不錯。」

帕西奧利的臉色亮了起來，呵呵地笑了。

「好啦，既然是難得的緣分，我就教你吧！」

「真的嗎？太感謝了！」

　　真是單純又直率的人，我打從心裡高興。不過，這是在夢裡吧？

　　「不了解會計力的人，並非只有你一個，因為會計和簿記原本就很容易被混為一談。商界的人動不動就把會計說成是必備知識，每個人都急著想學簿記。於是，因為簿記很嚴肅的學問，也以為會計學很艱澀難懂。」

　　我一面點頭，一面聽著帕西奧利的話。

　　「即使認真地學習簿記，除非是完全看得懂資產負債表（Balance Sheet，簡稱 B/S）[05] 或是損益表（Profit and Loss Statement，簡稱 P/L）[06]，抑或從事管理或財務相關工作的人，否則在職場或日常生活中，很少有機會應用到這些知識。」

　　「沒錯。所以小林小姐說會計力的時候，我完全聽不懂。」

　　「這也無可厚非啦。本來會計力一詞，就沒有什麼明確的定義。」

05　**資產負債表（Balance Sheet）**：簡稱 B/S，是呈現企業財務狀況的財務報表之一。
06　**損益表（Profit and Loss Statement）**：簡稱 P/L，是呈現企業經營績效的財務報表之一。

「真的嗎？」

「你剛才不是問了 Google 大神了，有得到什麼答案嗎？」

為什麼文藝復興時期的人會知道 Google ？這種細節我已經不在意了。

「沒有，雖然找到許多資料，但是並無一個是完全吻合的滿意答案。」

「順便問一下，你覺得會計力具體而言是什麼？」

就是想知道答案所以開口問，誰知話才剛出口，帕西奧利便好像不太高興的樣子，眉毛豎了起來。

「喂，問之前自己先思考一下是很重要的。想也不想，只是一味地聽別人說，是學不到東西的。」

「不好意思。呃，會計力是思考解讀數字的能力吧？」

「嗯，這麼說也沒錯。用數字和邏輯的方式來思考事物的能力，是會計力的一部分。」

我只有在晉升主任的時候，受過邏輯思考[07]的訓練課程，那是我唯一一次學習如何用數字和邏輯來思考事物。邏輯思考大概就是所謂的會計力吧？

　　「用數字和邏輯思考事物，這對生意人來說是理所當然的事。不過，有近代會計學之父稱號的我，可不是為了宣揚這個來的。」

　　自己說自己是近代會計學之父？他似乎對這個頭銜頗為得意的樣子。

　　「我來這兒是為了要教導最根本的東西，你用心聽了。」

　　我端正好坐姿。

07　**邏輯思考（Logical Thinking）**：將問題予以分析整理、導出結論的思考方法，是經商必備的技能之一。

▶ 錢是需要付出「成本」的

「我要教你會計力——是活用、應用會計知識的能力中，最主要的部分。」

「是，拜託你了。」

「首先最為重要的，**就是必須有金錢需要付出成本的觀念。**」

「金錢需要付出成本？是指向銀行借錢要付利息嗎？」

如果是這個我也知道。這是會計力最基本的要點？

「不僅是如此。自有資本[08]也需要付出成本。」

自有資本？我的腦海中浮現出資產負債表的畫面。

左邊是「資產」，右上是「負債」，右下是「業主權益」。資產是現金、商品、不動產等等，負債是借款（欠款）等等，兩者的差額就是業主權益。這個業主權益應該就是自有資本……我記得好像是這樣。

---

[08] 自有資本就是沒有償還義務的資本。正確地說，它就是「股東權益（股本＋資本盈餘＋保留盈餘－庫藏股份）」再加上「累積其他綜合利益」的金額。這個「自有資本」加上「股票選擇權」以及「少數股東權益」，就是業主權益。

資產負債表（B/S）的基礎架構

資產負債表（B/S）

| 資產 | 負債 |
| | 業主權益 |

　　「你，該不會連自有資本是什麼都不知道吧？」

　　「呃，就是股東出資的錢嘛！」

　　「沒錯。由股東出資的錢就是股本 09 和資本盈餘 10。除此之外，還有之前累積的盈餘，即保留盈餘 11。其他另有一些細部的項目，不過股本和資本盈餘以及保留盈餘，可以視為自有資本。」

　　原來如此。不過，負債需要負擔成本這一點，從借錢要付利息來考量是可以理解的，但為什麼說股東自己出資的自有資本也有成本呢？是指股利 12 嗎？

　　「這個自有資本也是要付成本的。」

09　股東對企業投入的金額中，歸入股本的稱為「股本」，未歸入股本的稱為「資本公積」。

10　資金交易產生的盈餘稱為資本盈餘。資本盈餘是由「資本公積」和「其他資本盈餘」所構成。

11　企業產生的利益，保留在其內部的部分稱為保留盈餘。保留盈餘由「法定保留盈餘」和「其他保留盈餘」構成。

「是指股利嗎？」

「股利也是其中之一。不過不單僅是股利而已。」

股利以外的成本？說起來我在大學時期好像有讀到過。
到底是什麼呢？

「啊！是『資本成本』[13]。我想起來了！」

我說出突然想起來的關鍵字。一定是這個。

「你真的記起來了？那你說說看資本成本是什麼？」

「呃，不是啦，那個……」

帕西奧利冷冷地看著我。

「其實，資本成本這東西上班族根本用不到，我早就
忘光光。」

「所以我才說你只知道表面而已嘛！因為就算不知道
資本成本這個詞彙，如果懂得它的本質，應該也能應用在
工作或生活上才是啊。」

「對不起。」

12　企業將部分獲利回饋給股東，以每股支付○○元的方式即為股利。支付多少股利由股東大
　　會決議。

13　資本成本就是企業調度資金伴隨而來的成本。

我根本不了解它的本質是什麼。這名詞只是當時為了應付考試才死背的。

　　「不用道歉。如果你真的了解資本成本的含義，現在也就不會過成這個樣子了。」
　　「你是說，如果我了解資本成本，就能夠改變現況？」
　　「沒錯。它可是一門活知識啊！」
　　「活知識？我想學。」
　　「好好努力吧！那現在先來複習一下會計學的基礎。首先，資產負債表的左邊是資產，右上是負債，右下是業主權益，對吧？」

　　帕西奧利在便條紙上畫了一個資產負債表，然後寫下資產、負債、業主權益。

　　「對，這些我還記得。」
　　「右邊的負債和業主權益是表示資金調度的來源，左邊的資產是表示資金的狀態。這些也沒問題吧？」
　　「不好意思，我不是很理解。」
　　「誠實是好事。所謂調度資金的方法大致上分為兩種，

一個是接受股東的出資[14]，第二個是從銀行借錢。」

「對，有這兩種。」

「股東出的資金記載在業主權益，而從銀行等處借來的資金就記載在負債，所以可以說，資產負債表的右邊表示資金調度的來源。」

帕西奧利邊說邊寫在紙上。

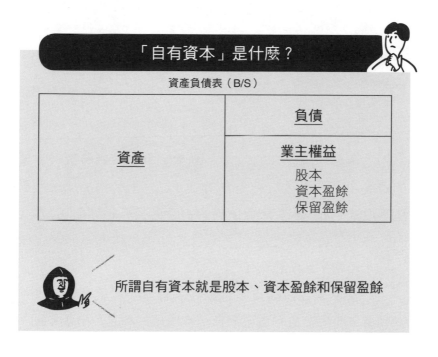

「自有資本」是什麼？

資產負債表（B/S）

資產	負債
	業主權益
	股本 資本盈餘 保留盈餘

所謂自有資本就是股本、資本盈餘和保留盈餘

14　投資人提供企業資金等財產，企業發行股份。

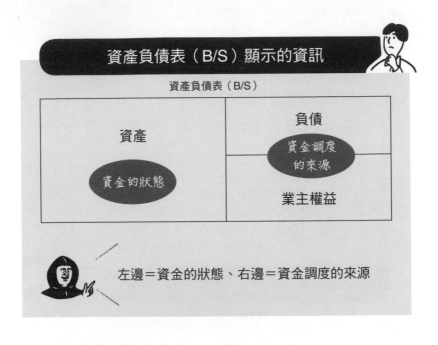

資產負債表（B/S）顯示的資訊

資產負債表（B/S）

資產	負債
資金的狀態	資金調度的來源
	業主權益

左邊＝資金的狀態、右邊＝資金調度的來源

　　「再來，調度來的資金，雖然記載在資產負債表左邊的資產項下，但這些資金會變成商品、辦公用品或是不動產等形式。所以說資產負債表的右邊表示資金調度的來源，而左邊表示資金的狀態。」

　　「沒錯。我記起來了。」

　　「接下來負債的成本就很容易理解了，就是借錢要付的利息。問題在自有資本。負債有明確的利息和償還日期，

負債的成本、自有資本的成本

資產負債表（B/S）

資產 現金 商品 辦公用品 不動產	負債 從銀行等處借來的錢
	業主權益 股東自己出資的錢 （自有資本）

借來的錢要支付利息，而自有資本的成本
不太會被注意

但相形之下，自有資本只有產生獲利的時候才給股利，沒
有償還的義務，所以大家都不太注意自有資本的成本。」

說著，帕西奧利在紙上寫下資本的比較表。

「新創企業的經營者之中，有些人覺得投資人投資的
錢，就等於是投資人給自己的錢，這是大錯特錯的想法。

接受出資，就等於是把公司部分的所有權讓渡出去了，有些時候，也可能會有經營者被解任，或是公司被拍賣的情形發生。若不曉得事情的嚴重性，就不要接受出資。」

這個我在大學時期也有學過。一旦變成大股東，就可以透過股東大會[15] 解除總經理的職務。

「負債」和「自有資本」有何不同？（一）

負債	自有資本
要付利息 有償還義務	不用付利息 沒有償還義務

自有資本沒有償還的義務，所以股東無法拿回資金的風險比債權人要高

---

15 股份有限公司最高的決策機關。根據股東投票的多數決，來決定股份有限公司的基本方針和重要事項。決議事項不同，規定的最低得票數也不一樣。

▶ 股東投資的目的在於「回報」

「你知道當公司倒閉的時候，負債和自有資本哪一個可以優先獲得償還嗎？」

「應該是具有償還義務的負債吧？」

「沒錯。換句話說，股東無法拿回資金的風險比債權人要高。」

帕西奧利再把這一點，寫在負債與自有資本的比較表裡。

「所以說，如果沒有獲得比債權人更多的回報，股東就不會想要投資了。」

這是當然的。一旦有了萬一，投入的錢很有可能會拿不回來，在這種前提之下，如果無法獲得較多的回報，就太划不來了。

「話雖如此，但因為自有資本沒有償還義務，只有獲利時才需分配股利，所以很多人都認為它的成本比負債要

低。這種想法也是大錯特錯。」

「我原本也是這麼以為。那自有資本的成本，具體而言是怎樣的呢？」

「自有資本的成本，用所謂 CAPM [16] 的模式來估算是最基本的，不過能理解這個就很好了。只是有一點一定要知道，就是自有資本的成本，要比負債的成本來得更高。亦即 WACC [17] 這個資本成本的計算方法，也就是負債成本和自有資本的加權平均，同樣要記在心裡。」

「負債」和「自有資本」有何不同？（二）

負債	自有資本
要付利息 有償還義務	不用付利息 沒有償還義務
可以優先獲得償還	有剩餘財產才償還

如果沒有獲得比債權人更多的回報，
股東不會想要投資

---

16 資本資產定價模型（Capital Asset Pricing Model, CAPM），是股票投資人從該股票持有的貝他係數（Beta），評估預期收益率的方法。

17 資本成本一般都應用加權平均資本成本（Weighted Average Cost of Capital, WACC）來估算。

▶ 讓資金增幅大於資本成本的責任

「這當中最重要的，**就是擁有調度資金必須承擔成本的自覺，還有了解要讓這些資金增幅多過資本成本的想法。**如果沒有盡到上述責任，不但欠的錢還不出來，也無法達到股東的期望，造成股價下跌，最壞的情況是公司面臨存亡的危機。這些都是必須認真面對的前提。」

「是，我知道了。」

「不，你不了解其中的真正含意。公司付給你薪水，你知道這個薪水也是要負擔成本的嗎？」

「這個……」

我一時語塞。原來我的薪水也有要負擔的成本？我從來沒想過。

「不只是薪水。公司為你支付的社會保險費、培訓的教育訓練費、工作使用的電腦、辦公桌、辦公室的租金、水電瓦斯燃料費，為了支援業務而存在的行政、總務、人事等後勤單位等等，這些資金全部都是要負擔成本的，你知道嗎？」

「啊，我真的不曉得。」

「比如說你在公司使用的電腦要 20 萬日圓，而這筆費用的資本成本假設為 10％（2 萬日圓）。所以，使用這台電腦，一定要能產出高於 22 萬日圓的收益才行。」

這麼說來，我平常隨意使用的電腦和辦公桌，都是公司用調度來的資金購買的。所以，一定要產出比這些資金需負擔的成本還要多的金額才行。這是天經地義的事，但我之前竟完全不曾注意過。

「所以，大部分的人看事情都只看表面啊！」

「只看表面？」

「你也是學會計的，應該知道公司的辦公用品 [18] 歸納在資產項下。這是有簿記檢定三級資格的人，必須了解的事。可是這些辦公用品，不能只當作資產來看待。」

「辦公用品除了是資產之外，還有其他的含意嗎？」

「當然有。公司擁有這些辦公用品，是因為採取某些方法，取得購買這些用品的資金。也就是說，這些用品產出的價值，必須要大於購買資金，再加上相對應的資金成本才行。」

「我之前從來沒想到過這一點。」

---

18 電腦或辦公桌等等，在資產負債裡歸為辦公用品，被記載在資產項下。但根據公司規模和金額大小不同，有的時候也可能被視為消耗品，而計在損益表中。

資本成本假設為 10%

資產負債表（B/S）

電腦 20 萬日圓	借款 20 萬日圓
產出的價值必須要多於 22 萬日圓以上才行	2 萬日圓的資本成本

借款的資本成本假設為 10%（2 萬日圓），
就必須要產出 22 萬日圓以上的價值才行

「還有，計入資產項下的資產金額，至少都要能產出
大於這些金額的效益才行，它們還有這一層的含意。」

原來計入資產項下的辦公用品還有這一層的意義，我
還真的是只看表面的那群人。

會計很迷人，一點都不「無聊」

「會計就是擁有這樣的特性，不能只看表面，要從多個面向來觀察。從一筆交易的原因和結果兩個方面來看，兩者都予以記錄 [19]，這也是它被稱為複式簿記的理由。」

「原來如此！我真是孤陋寡聞。」

「從多方面來看，一件事的複眼思考可以說是會計的精髓所在，也是其迷人之處。」

帕西奧利滿心喜悅地說道。

「會計很迷人？這樣的想法我完全不曾有過。」

「是呀，沒有比會計更迷人的知識了。大部分的人都認為，會計是無聊又沒生命的東西，真是太可惜了！我就是為了宣揚會計的廣博和深奧，才到這兒來的。」

原來是這樣啊！他是抱持著如此神聖的使命感，真不愧為近代會計學之父。

---

[19] 不同於複式簿記，像是家庭收支簿這類，單純以追蹤資金增減為目的的記錄方式，就叫做單式簿記。最先將複式簿記的機制，歸納整理成文字的人，就是盧卡 · 帕西奧利。

什麼是複式簿記？

（交易）購買 100 萬日圓的辦公用品

⬇

（原因）因為購買 100 萬日圓的辦公用品

（結果）現金減少了 100 萬日圓

⬇

辦公用品 100 ／現金 100

現金 –100	
辦公用品 +100	

從一筆交易相對應的原因和結果兩個方面來看，並將兩者予以記錄的就是「複式簿記」

「你對我也另眼相看了吧？覺得我不愧是近代會計學之父，對吧？」

「啊，是！」

其實他不用自己說出來的，不過，這也是帕西奧利的

可愛之處。

「如同剛才說的，正因為資金需要花費成本，所以得到的收益，一定要大於資本成本才行。有擔負這種責任的自覺是很重要的。」

「原來，讓資金增幅大於資本成本的責任，就是所謂的會計力呀！」

「這是最基本的。若是不知道這一點，就算學會簿記、記得會計科目、會做分錄，也無法將會計應用在工作和生活中。」

雖然我在大學也曾念會計，但是讓資金增幅大於資本成本的責任這個觀念，似乎也是頭一回聽到。

「你今天有感嘆自己『領的薪水不划算』吧？因為業務部是賺錢的單位，所以覺得薪水應該領得更多才對，是嗎？」

「是的。不過如果從資金要花費成本的角度來考量，看法就會變得不一樣了。」

「的確如此。剛才也有說到，公司為你支付的不僅僅

是薪水，還有社會保險費、辦公用品、辦公室空間、水電燃料費、教育訓練費，以及後勤單位的費用。這些全都是用公司調度來的資金因應，它們皆要付成本的。所以你有責任，讓這些資金增加的幅度多過資本成本。」

「我的確沒想過這些，所以小林小姐才會說我沒有會計力呀！」

「是呀！除了對這個責任要有自覺，還要想像資金流動的樣子，注意如何讓錢變多，這些都很重要。具有這些思維和觀念就是會計力。」

果然，若是從這樣的觀點來看，對待工作的態度也會有所轉變。

「如果有這樣的觀念，工作就會順利多了。」

「沒錯。如果有這些觀念，看財務報表時，就不會覺得那些數字，只是密密麻麻的一堆亂碼，而是活生生的展現在眼前，面對工作的態度和做出來的結果也會不同。不只是工作，在日常生活中對金錢的使用方式，和增長財富的方法，亦會跟著改變。所以擁有會計力，工作和人生都會變得大不相同。」

還可以改變人生？工作會有所不同我可以理解，但會計力對人生也有影響？

「一旦有了會計力，不只工作，連人生也會變得不一樣嗎？」

「沒錯。你現在正在為錢煩惱吧？這是因為你沒有會計力的緣故。明明擁有會計知識，卻不懂得將它應用在生活中。」

「的確如此，我現在手頭還蠻拮据的。如果有會計力，這個也可以解決嗎？」

「好吧，我就好好跟你說明一下吧！」

「麻煩了。」

「總而言之，所謂的會計力就是：
1. 認知資金都有需要負擔的成本
2. 自覺讓資金增幅大於資本成本的責任
3. 活用槓桿的力量
4. 有資金流動的影像
5. 了解讓資金增加的損益架構

就這五項。關於第三、四和第五項我還要再教教你。」
我把帕西奧利的話記在便條紙上。

「今天就到這裡吧！已經很晚了，快點睡吧！」

一看手錶才發現已經半夜三點了。

「那我先睡囉。」

才剛說完，帕西奧利就爬上我的床睡覺去了。
「啊，那裡是……」
「你難道想讓客人睡沙發嗎？我要睡這裡。」

說時遲那時快，帕西奧利已經開始鼾聲大作。這到底
是夢境還是現實啊？不過能學到這麼寶貴的知識，就算是
做夢也沒關係了。可是，如果是在夢中，那接下來的東西
不就學不到了？

不去想那些亂七八糟的了，我也躺在沙發上蓋著毛毯
進入夢鄉。

最近常聽到財經力、媒體力等等「○○力」的用語，它們大多指的是懂得使用某一門知識，也就是理解、活用以及應用此一知識的能力。

本書對會計力的定義是，「將會計知識活用在工作與生活中的能力」。

其中最重要的，就是擁有「金錢需要付出成本」的認知。

薪水，社會保險費，平日習以為常使用的電腦、辦公桌和辦公空間，研習的教育訓練費，還有進入公司之前參加的招募說明會，以及面試之類的聘雇費用等等，事實上公司在每一個人身上，都花費許多的資金。

這些資金全部都是公司從某些來源調度的，而且還會隨著營收的增加而增加，它們都是要付出成本的。

如果產出的收益不能大於工作中使用的資產，以及這些資產付出的資本成本，公司就沒有存在的意義了。

　　這一點，如果沒有站在經營者的立場來看，是很難體會的。

　　就經營者而言，那種有一定任期、只要做到期滿就沒事的大企業專業經理人，也許不太能感同身受。的確，每個月固定都有薪水入袋的受薪階層，大概不太有人會有這些體會吧？

　　但是，這個會計力的想法，可以讓工作的意義變得大不相同，人生也會因此改變。

　　請務必讓自己擁有這種會計的思維觀念。

　　此外，本書以宣揚思維觀念和本質精髓為出發點，細部的說明會予以省略。譬如嚴格來說，股東資本、自有資本和業主權益其實並不相同。有關會計正確的基本知識，請參閱其他相關書籍。

第一章隨堂筆記

✎ 會計力就是

1. 認知資金都有需要負擔的成本
2. 自覺讓資金增幅大於資本成本的責任
3. 活用槓桿的力量
4. 腦中有資金流動的影像
5. 了解讓資金增加的損益架構

如果擁有會計力，不只工作，
連人生也會變得不一樣。

‣ 第二章 ‹

活用複利效果，
讓錢滾錢

資金無論多寡，都需要負擔成本

糟了！要遲到了！

我匆忙起身，已經不見帕西奧利的身影。果然是在做夢啊！不論如何，這真是一個奇怪又真實的夢。

我一邊胡思亂想，一邊望向桌上的便條紙，上面寫著：

會計力就是：

1. 認知資金都有需要負擔的成本

2. 自覺讓資金增幅大於資本成本的責任

3. 活用槓桿的力量

4. 腦中有資金流動的影像

5. 了解讓資金增加的損益架構

咦？這到底是半夢半醒時寫的？還是那其實不是夢，是真的？

　　現在沒時間想這些了，再不快點就遲到啦。我把便條紙塞進包包裡，急急忙忙地趕著去上班。

　　還好，電車轉乘得很順利，剛剛好趕上，沒有遲到。我坐下來像平常一樣打開電腦的開關。

　　「資金都有需要負擔的成本……」

　　想到這裡我環顧了一下四周，眼前的電腦、桌子、椅子、便條紙、辦公室設備……全部都是公司花錢買來或租來的，這些錢都有需要支付的成本。我以前竟然都不曾意識過這個理所當然的道理。

　　用全新的心情看了看周遭，結果正好和小林小姐的視線對上。我匆忙收回目光，但反而顯得行跡可疑。該怎麼辦呢？我毅然決然地走向她的辦公桌。

　　「小林小姐，早安。昨天真是謝謝你了。」
　　「你好像喝到很晚呢！」

　　是的。昨天晚上唱卡拉OK，一直唱到很晚才回家，但因為帕西奧利的事，我把這些全忘光了。

「昨天你提醒我的會計力，我有聽進去。」

昨天的事也不知是現實還是夢境，可是無論如何，我還是想和別人分享一下自己學到的東西。

「我缺乏資金需要支付成本的概念。昨天我抱怨付出與薪水不成比例，但不只是薪水，其實每樣東西都要花錢，而這些錢皆需付出成本，如果就這個角度來想，便能理解以我現在的業績來看，是根本不夠的。」

「好厲害！你有抓到重點耶！」

想不到竟然會被小林小姐稱讚，我感到飄飄然。這樣的稱讚方式，還是頭一遭。

「今天早上到了公司，我有了不一樣的想法，我意識到自己的薪水還有電腦等等，全部都是要花成本的。」

「沒錯！工作中有或沒有這樣的意識，那可是完全不同的兩回事。」

「是，我很有同感。」

「啊，已經這個時候啦！部長剛叫我過去。好，今天也要加油唷！」

「是！謝謝你。」

我滿心歡喜地開始今天要處理的業務事宜。

雖然是一如往常的例行準備工作，但想到這些時間也都是錢，而這些錢都需要花費成本，我就會想要儘量減少使用的時間。

在洽公的時候也是，我更留意時間的掌控，意即對工作的態度明顯改變了。

就算紅利點數給兩倍，循環信用仍是「邪惡的商業模式」

工作結束後回到家，一臉輕鬆地打開了門口的信箱，就看到裡面躺著信用卡的帳單。因為收到這張信用卡帳單，我的心情頓時鬱悶起來，怎麼循環信用的餘額就是減少不了？

前些日子升職、加了一點薪水很是開心，我使用循環信用，幫自己買了一支 50 萬日圓的高級名牌手錶慶祝。都已經持續繳了半年左右，但餘額幾乎沒有減少。到底要到

什麼時候才有還完的一天？

　　進到屋裡，屋內空無一人。果真是在做夢嗎？

　　「呼，好像有點振作過頭了……」

　　我嘆了口氣把帳單丟在桌上，靠著床躺下來，看著手腕上的名錶。

　　「你呀你，竟然用循環信用買東西，真是沒有會計力呀！」

　　「嗯？」

　　我一回頭，就發現帕西奧利坐在茶几上，一臉無奈地喝著茶。他是何時現身的？難道說那不是夢？

　　「帕西奧利先生，你是從哪兒進來的？」

　　「哎呀，這種小事就不用問了啦。」

　　雖然覺得這不是小事，但我真的很開心可以再見到他。

　　「你試著從昨天學到的會計力觀點，來想一想吧！」

「呃，好。金錢有需要支付的成本，我們有責任讓金錢增加的幅度大於資本成本。但，這是企業要做的事吧？」

「我昨天也說過了，所謂的會計力不僅僅是對工作，對人生也有幫助。你試著想一下自己的資產負債表和損益表。」

自己的資產負債和損益表？我不曾想過。

「金錢都有它的成本。循環信用的利息，就是取得這筆資金的成本。」

「是囉。那，循環信用的利息是多少？」

我看了一下帳單，上面寫的是 15.0％。竟然這麼高啊？

「15.0％。」

「15.0％？這已經和地下錢莊的利息一樣了。**循環信用真是邪惡的商業模式。**」

「可是如果使用循環信用，紅利點數是兩倍耶……累積的點數可以兌換禮券啊。」

「笨蛋！不要被什麼紅利點數給騙了。你付利息的錢，

比這些點數多太多了。」

　　的確如此。如果利息這麼高，那用點數換來的禮券，就只不過是聊勝於無的安慰罷了。

　　「對耶。本金都沒什麼減少，真傷腦筋。」
　　「如果是用15％高額利息取得的資金，就一定要產出超過這些利息的收益才行。這就是會計力的基本原則。」
　　「是，沒錯。」

　　我羞愧地低下了頭。用15％高額利息取得的資金，如果沒有讓其增加幅度大於這些利息，錢就會越來越少。

　　「個人和企業不同，通常沒有必要一心想著如何讓錢生錢，依自己的興趣或是享樂用錢，也沒有什麼問題。」
　　「是啊。這支手錶我第一眼就很喜歡，其實本來應該要買另一支比較便宜的，但是因為店員一直強力推薦，而且想了想，如果用循環信用付款，依自己的薪水也還付得起，所以最後就買了。」
　　「唉，自己的錢要怎麼用是你的自由啦。但如果你充分了解會計力的精髓，而且也懂得應用在生活中的話，你還會

用循環信用買下這支手錶嗎？」

　　被這麼一問我啞口無言。我對循環信用就等於是負債這一點，沒有明確的體悟，而且也不知道這個資金的調度成本，竟是這麼高，更不懂得如果是用高額利息取得的資金所購買的東西，就一定要產出高於資金調度成本的收益才行。

用資產負債表的角度來看名錶支出

資產負債表（B/S）

 手錶 50 萬日圓

 借款 50 萬日圓

必須要產出高於年利率 15% 的收益才行

成本是年利率 15%

 必須要產出「手錶價格＋年利率 15%以上」的錢

「你買了這支手錶之後，就和女友分手了對吧？」

「咦？你怎麼知道？」

「什麼都逃不過我的法眼。那個女孩子看你用循環信用買了高級手錶，對你們的未來感到不安，所以才和你分手的，只是她沒有告訴你罷了。」

說起來，自從我買了這支手錶之後，她的態度就漸漸變得冷淡了，明明沒有變心喜歡上別人，卻還是毅然決然地向我提出分手。是因為我缺乏會計力嗎？

▶ 勇敢寫出「自己的資產負債表和損益表」

「這麼看來，你現在還不確定自己有多少負債吧？」

「是。我不太清楚。」

「只要勇敢寫出『自己的資產負債表和損益表』，一次將它們清清楚楚地列出來看就知道了。結果會讓你大吃一驚。」

　　誠如帕西奧利說的，我對自己有多少資產和負債都不太了解，所以被人說沒有會計力，也是無可奈何的事。

　　「好了，快點就目前知道的範圍，把資產負債表和損益表做出來吧。」
　　「啊？現在？」
　　「當然啊，之後再做就等於不做。所謂成功的人，就是有執行力的人。能將所學加以實踐的，十人之中大概只有一人。而這些實踐的人裡面，能一直持之以恆的也就只有十分之一，換句話說，只占了全部的 1％而已。」

　　也許真是如此。好！雖然麻煩，但還是來挑戰一下吧！

　　「首先是資產負債表的資產部分，你的現金存款有多少？」
　　「現金存款嗎？呃……」
　　「你的皮夾裡有多少現金？」
　　「請等一下。」

我數了數皮夾裡的錢。

「3731 日圓。」

「你是個出社會的人了。就算現在是電子支付的時代，也至少要帶個 1 萬日圓在身上啊。」

「……是。」

「你的存款有多少？」

我用手機查了一下戶頭餘額。

「12 萬 3696 日圓。」

「那把這兩筆金額的加總，寫在資產負債表的現金存款項下吧。」

用計算機算出兩筆金額一共是 12 萬 7427 日圓，我將這個數字寫在便條紙上。或許這是我第一次很明確知道，自己此時此刻的現金存款到底是多少。

要準備多少的現金存款才夠？

「不好意思，請教你一個很基本的問題，一個人最好要持有多少現金存款[20]呢？」

「這個嘛，現在利率過低也是個問題啦，不過最好**還是要有兩個月至三個月薪水的現金。**」

「兩到三個月份的薪水？我根本不夠。」

「為了保有足夠的現金，你首先要做的，就是至少**把收入的10％存起來。**先設定好每月發薪日當天，自動把薪水的10％轉到另一個帳戶去，最重要的一點，就是**規定自己不論發生什麼事，都不能動用這筆資金。**」

「不論發生什麼事都不能動用……」

「沒錯，有花剩的錢再存起來。如果想買什麼就把存款領一些出來，用這樣的思維，不論多久都存不到錢。」

可是我現在手頭就已經很緊了，若再把10％的薪水存起來，而且還規定不論如何都不能動用，這樣不就周轉失靈了？

20　指存在銀行、信用合作社、郵局或農會等金融機構的錢。

「你說的沒錯。可是如果把 10％的薪水存起來，錢無論如何都不會夠用的。」

「這個嘛，你可能覺得我在騙你，不過要是先把 10％的薪水存起來，絕對不去動它，減少無謂的花費，收入也會相對增加，最後收支反而會出乎意外地打平呢！你就試著相信看看吧！」

真的會這樣嗎？我突然想要相信他說的。因為帕西奧利的話具有神奇的說服力。

「如果領到獎金或是臨時有一筆錢進帳，可以撥一部分用在自己喜歡的事物上，但要適可而止，最好把一半的錢都存起來。」

「是，就照你說的。我會努力的！」

我之前也從沒想過要把獎金的一半存起來。就是因為這樣，所以才會一直被錢追著跑吧？

「存款並非一定要超出三個月以上的收入不可，這筆錢是為了讓自己不再為金錢感到不安才存的。事實上，對

金錢沒有安全感只是幻覺，可是話雖這麼說，人還是免不了因為錢的增加或減少受到影響。如果有三個月的存款，至少可以緩解些許的不安感！」

「那，有三個月的存款之後要怎麼做呢？」

「投資在收益更高的地方，活用資金，讓錢生錢。儲蓄其實不太會讓錢變多。你知道在銀行存 100 萬日圓，可以拿到多少利息嗎？」

「唔，利息真的是少得可憐。」

利息差不多 0.01％。100 萬日圓的 0.01％，只有 100 日圓。

「應該才 100 日圓吧？」

「沒錯。100 萬日圓的存款利息，如果扣掉稅金連 100 日圓都不到。扣一次自動提款機的提領手續費錢就沒了。」

「真慘⋯⋯」

「錢這東西是活的，要活用金錢，讓錢變多才行。」

「活用金錢？」

「如果懂得靈活應用金錢，它的效果是很驚人的。這裡指的不僅僅是用錢來投資賺錢的股票，還包括運用金錢來學習、體驗些什麼，產生出火花，或是幫助他人，增進

全人類的福祉等等。讓超出必要金額的存款一直沉睡，就好比是自己不讓錢活動，放任它死掉一樣。」

帕西奧利說得熱情激昂，但我卻沒什麼共鳴。存款當然要越多越好，難道不是嗎？

「可是如果有存款，未來也會比較放心。為了老年的生活著想，最好還是儘量多存些錢才是啊。」

「如果從會計力的觀點來看，存款就等於是死錢。現在因為物價逐年上升，錢放在銀行只會日益貶值。相形之下，你應該想想要如何活用金錢，讓錢滾錢。這些我之後再詳細地解釋給你聽。」

▶ 徹底掌握自己的資產和負債

「再來是負債，你現在的循環信用餘額是多少？信用卡帳單上應該有寫。」

「是，47 萬 7256 日圓……我每個月還款，都還了半年

了，還是沒什麼減少。」

　　我嘆了口氣。

　　「你那支手錶是 50 萬日圓買的吧？ 50 萬日圓年利率
15.0％，一年要付 7 萬 5000 日圓的利息，相當於一個月要
付 6250 日圓。那你每個月的還款金額是多少？」
　　「1 萬日圓。其實，有一半以上都是在付利息耶。本以
為是還了 1 萬日圓，但其實本金只減少 3000 日圓而已……」
　　「正是如此。紅利點數有雙倍也沒什麼好開心的。反
正你先在負債那邊寫下 47 萬 7256 日圓吧！」

　　我照他說的寫在便條紙上。

　　「再來，查看看這支手錶現在的價格是多少吧！」
　　「咦？可以知道市價嗎？」
　　「雖然查不到正確的金額，但如果有在網站上販售而且
成交的話，那個金額就差不多是現在的市價了。你查查看。」

　　我拿起手邊的手機，打開拍賣網站的應用程式，輸入

手錶的名稱和型號。

「啊，有了。沒有汙損的二手物品，成交價是 21 萬日圓。價格剩不到一半……」

「是這樣的啦。名牌精品的特性除了比較稀有外，就是在買下的那一瞬間價格立刻砍一半。把 21 萬計在資產的項目下吧！」

「也許其他還有什麼沒想到的資產或負債也不一定，不過先就目前知道的這些來看，你的業主權益是負的 13 萬 9829 日圓，乃資不抵債 21 的狀態耶。」

「資不抵債……」

如果是企業，就差不多要倒閉了。用這樣不同於以往的角度來了解，我產生了莫大的危機意識。

「好，再來是損益表。你的薪水是多少？」

「我每個月的薪水，會隨著加班時數的增減而變化，不過現在加班時間也有限制，算一算我實際領到的金額大約是 25 萬日圓。」

「最好還是要確切地掌握當月的薪水數字。再來是費

---

21 是指負債總額大於資產總額的狀態。也就是把資產全部出售，也不足以償還負債，但資不抵債並不一定就會倒閉。

松井的個人資產負債表

| 資產
　現金存款　127,427
　手錶　　　210,000 | 負債
　欠款　477,256 |
| | 業主權益
　　　　-139,829 |

（單位：日圓）

負債總額超出資產總額，
處於「資不抵債」的狀態

用部分。房租、水電費、通信費、交通費、餐費、置裝費、
保險費，還有循環信用的利息也別忘了。」

　　我從信用卡帳單、網路通信帳單，以及留存的收據中
找出這些數字，沒留下收據的費用，就儘量靠記憶回想，
然後把它們都列出來。

　　「啊……算了一下才發現，是紅字耶。我每個月竟然花

了這麼多的錢。」

　　「看來你是用獎金來填補每個月的赤字，這根本是入不敷出。」

　　「是呀！」

　　難怪我一直捉襟見肘？自己的情況被這麼赤裸裸地攤

松井的個人損益表		
房租	130,000	薪水　246,337
水電費	13,640	
通信費	25,309	
交通費	14,820	
餐費	57,839	損益　-27,659
置裝費	12,800	
保險費	13,500	
利息	6,088	

（單位：日圓）

每個月的赤字用獎金來補，
處於「入不敷出」的狀態

在陽光下，真是丟臉。

「竟然會落到這樣的地步，我實在太受打擊了。」

「還沒到絕境啦。先確實掌握住目前的狀況，之後再來想想改善的對策即可。」

「希望能有所突破。」

雖然現況很讓人受挫，但因為了解了事實，我也鼓起想改變的決心。這樣看來，或許面對現實是件好事也不一定。

用 2% 的低利率買進口車超划算？

「你手頭都這麼緊了，之前還跑去經銷商門市看進口車對吧？」

「真的什麼都瞞不過你耶。」

「你是想買新車嗎？」

「還沒有要買的打算啦，不過可以搭配 2% 的低利率車貸喔，利率才 2%，應該可以吧？」

用循環信用支付是不對的，15％的利息太高了。但如

用資產負債表的角度來看車

資產負債表（B/S）

汽車　500 萬日圓	欠款　500 萬日圓
會產生停車費、油費、保險費和保養等等的費用	年利率 2% 的利息費用

產出的錢，必須要多於
「維持成本 + 年利率 2% 的利息費用」才行

果是 2% 的利息，不就沒問題了嗎？

　　「你真的什麼都不懂耶。新買的車可以產出 2% 以上的收益嗎？」

　　「它沒辦法產生收益。」

　　「對嘛！而且買了它還要支付停車費、油費、保險費

和保養等各式各樣的費用。這麼一想，如果不是真的很愛車，把擁有它當成是人生最大的快樂之一，你實在沒有必要打腫臉充胖子，硬要開進口車。」

聽他這麼一說，我也不是非常想要那輛車。其實，我是因為想讓別人覺得我很厲害，同時認為我生活得很好，才會以進口車為標的。

「哎，現在是共享經濟[22]的時代，如果把買來的進口車分租給他人，那也是一種賺錢的方法，所以不是說買進口車就一定不好啦。我也得跟得上時代的潮流才行。」

時代的潮流？這帕西奧利是哪個時代的人啊？

▶ 貸款買房子是為了省房租？

「如果用貸款買自用住宅又如何呢？自用住宅也不會產生收益。」

「就會計力的觀點來看，用貸款買自用住宅不能說是

22　透過共有或交換的方式，與他人一同使用物品、服務或是空間的社會機制。透過汽車由個人或是企業共有的共享機制，沒有車子的人，可以在無需負擔停車費或是車貸的情況下使用車輛，而車子的所有人，則可以在不使用汽車的時候，將車子出租賺取收益。

明智的做法。」

「可是，請看一下這個售屋的廣告傳單。」

我把剛剛從信箱拿來的售屋廣告單，攤在他的眼前。

「這上面說的每月房貸繳款金額，比我現在付的房租還便宜，這樣的話，省下房租費，用貸款買房子應該是可行的吧？」

雖然不會讓錢生錢，但只要省下房租，應該就等於產生實質的收益了。難道不好嗎？

「你仔細看看，在利率下面的小字寫了什麼？」

帕西奧利用手指著的地方，有幾個乍看之下不會注意到的小字，寫的是「變動利率」[23] 四個字。

「現在的利率低所以沒事，但之後如果利率調高了，負擔會一下子增加許多。」

「真的，這很危險耶！可是，假如為『固定利率』[24]

---

23 在還款期間，利息和還款金額，會隨著市場利率的變動而更改。未來如果利率上升了，還款的負擔很可能會增加。通常每五年才會檢視一次還款的金額，所以就算利率上升，還款金額也不會馬上跟著變動，只不過每個月繳的房貸，會變成都在繳利息，不太會還到本金的部分。

就沒問題嗎？」

「這就要看狀況而定。若不是買在相當好的地段，你的資產價值會馬上減半。如果把它做成『個人資產負債表』，才剛買就會虧損，立刻變成資不抵債的狀態。是我的話就絕不會買。」

「假使是為年老後的生活考量，有自己的房子還是比租屋來得好呀。」

「如果不介意揹房貸到老，想一直在現在的公司做到退休，而且不用擔心之後有被裁員或是減薪的風險，要買也是可以啦。只不過若你想要自立門戶，或者是想冒險開創一番事業，這時候房貸就會變成束縛。換句話說，買了房子之後，自由就被限制住了，就算幾十年後付清房貸迎接老年生活，也不是只有住在裡面那麼簡單，仍要負擔固定資產稅，屆時建築物老化了，還必須支付幾百萬日圓的維修費用。」

我會在現在的公司一直做下去嗎？這實在難以想像，原本進公司時，也沒人向我保證薪水一定不會減少。

「相較之下，不如趁現在多創造幾個薪水以外的收入來源，讓老年時仍有外援入帳，如此還更實際些，如果可

---

24 指不論市場上的利率怎麼變動，貸款利率都固定不變。

用資產負債表來看貸款購買自用住宅

買的那一瞬間：

資產負債表	
自用住宅 3000 萬 日圓	負債 3000 萬 日圓

買了之後：

資產負債表	
自用住宅 1500 萬 日圓	負債 3000 萬 日圓
	業主權益 -1500 萬 日圓

一買就虧損，變成「資不抵債」的狀態

以這樣，也就不需要緊緊抓著公司不放，人生也會變得更自由。」

「薪水以外的收入來源……可以的話我也想要。」

「這個我後面再跟你說明吧。總之，買自用住宅最大的風險，就是失去自由。貸款會變成沉重的負擔，你會變

得無法承受薪水降低的風險。不只如此，生活的場所固定了，移動也會受限。你才二十幾歲而已，會經歷單身、新婚兩人世界、小孩出生，以及孩子長大獨立後等等的不同階段。每個人生階段，需要的住宅空間和設備都不一樣，住家附近的問題和環境也有可能會產生變化，想住的地區或許也會改變，如果現在買房子，這些都沒得選了。」

　　被奪去自由的風險？我不想這樣。

　　「如果想換去別的地方住，不是可以出租或是售出嗎？」

　　「地段好，或許很快可以找到房客或是買家的物件，你要知道之後是空屋率高達三分之一的時代 25，要找到房客或是買家，也並不是那麼簡單的事。如果租不掉或是賣不掉，你就一輩子離不開這個房子了。」

　　「既然如此，為什麼大家還是想買自用住宅呢？」

　　「因為大家都把購買自用住宅，認定是一輩子的目標。唉，大部分人都認為，克制真正的欲望，買下自己住的房子，才是獨當一面的成年人，其實人實在沒有必要被這種奇怪的認知困住自己啊！」

25　根據野村綜合研究所的推算，到了 2033 年，預測每三戶房子就有一戶是空屋。

「這也是會計力的思維對吧？」

「就會計的角度來看，自用住宅一買進，資產價值就立刻下跌，增加的部分便只有負債而已。如果擁有自用住宅對本人來說，可以帶來莫大的幸福感就另當別論，若不是如此，那麼貸款買房子實在稱不上是明智之舉。」

果真是這樣。有了會計力，或許平常認定的一些常識，也會跟著改變也不一定。

▶ 投資股票不等於賭博

「錢是活的，只要能夠靈活應用金錢，就可以產生許多新的價值，產出更多的錢，只不過很多人都不了解活用金錢的方法。大家對所謂的常識照單全收，光顧著在意他人對自己的評價，結果把錢都浪費在不會為自己帶來幸福，或是不會繼續增加的東西上了。」

「一旦懂得活用金錢，就可以讓錢變多嗎？」

「沒錯，這就是**讓錢幫自己工作。**」

---

26 瞄準短期的價格變動，藉此賺取獲利的行為。與長期將資金投入有未來發展性的標的不同，類似賭博的性質。

讓錢幫自己工作？我還一頭霧水，也不知如何進行。

「該怎樣才能夠讓錢幫自己工作呢？」

「方式有千百種，像投資股票也是其中之一。」

「股票嗎？其實我一直覺得投資股票就好像是賭博一樣。不是都說投資股票的風險很大嗎？」

「你，把投資和投機 [26] 搞混了。」

投資和投機？兩者不一樣嗎？

「**投資是對有未來發展性的標的投入資金**。與之相比，投機的資金標的，是短期的價格變動，亦即賭博。若是長期持有，就不會每天在意股價變動。**用股價的變動來論勝負，就根本的意義來說，不能稱為股票投資。**」

「我真的是誤會了。我以為投資股票的人，會一直因為股價的波動而患得患失。」

「投資股票不是在賭博。趁著想募資的公司，其股價在低於真正價值的時候買進，耐心等候它成長，默默存股，這才是投資股票。像華倫・巴菲特 [27] 就是超長期的投資者，他買股票會持續持有幾十年的時間。你知道巴菲特吧？」

「是，我聽過他的名字。」

---

[27] 華倫・巴菲特（Warren Edward Buffett），被世人譽為股神。他是全世界最大的投資控股公司──波克夏・海瑟威（Berkshire Hathaway）的最大股東、董事長兼執行長。雖然其資產推估有十兆日圓，但他還是過著簡單樸實的生活。他已捐出自己大部分的資產，堪稱是全球最慷慨的慈善家。

「我也教過他投資呢！因為他做人誠懇又很認真，所以才會越來越成功。不過他並不奢侈浪費，仍舊過著質樸的生活，是個有智慧的人。」

　　真……真的嗎？帕西奧利到底是何方神聖？不過，如果我也照著他的話身體力行，或許哪一天，我也可以成為一流的投資者。

　　「靠當沖交易（day trade）[28] 賺錢的也大有人在，那才真的是賭博。因為是借錢進行信用交易[29]，想靠短期買賣來賺取價差，所以變成一種投機行為，才會遭受巨大損失。**投資股票必須要從企業面、產業面和趨勢面來評估，在自己可以承擔的風險範圍內投入資金，我建議還是得好好做功課才行。**」

　　「靠自己選擇標的是重點。」

　　「沒錯。老實說，金融機構的營業員，都會推銷對自己公司有利的商品[30]，但**選擇投資什麼得自己負全責。**當然，人生過得如何，也全是自己的責任啦，光靠別人是無法成功的，也無法變得幸福。靠自己研究、思考這才是重點。」

　　帕西奧利的話不單僅是會計，對人生也一樣適用。就是因為這樣，所以會計力才會對人生有幫助吧？

---

28 主要是針對股票、債券、外匯保證金交易（FX）、商品期貨交易、差價合約交易、股票指數期貨交易等市場流動性高的交易，每天不停買進賣出的交易模式。

29 是指金融交易中，向證券公司借錢買賣金融商品的一種投資手法。透過借款，進行比現有資金更大金額的投資，進而賺取更高額的獲利。如果成功獲利可觀，但若失敗損失也會放大，揹負債務。

「我懂了。我也要試著自己選擇投資標的，投資想要募集資金的企業。不過，好像很難耶！」

「一開始也可以投資定期定額[31]。每個月固定購買像是和日經指數[32]連動的共同基金[33]，就是所謂的平均成本法[34]。一個月只要投資 1 萬日圓的定期定額，就能對經濟脈動更有敏感度。」

「了解了。我現在就從每個月 1 萬日圓開始投資。」

「首先，你必須改變現在入不敷出的狀況，重新檢視無謂的支出，把投資的錢擠出來。將收入的 10％存起來，然後每個月再投資 1 萬日圓的定期定額即可。當存款達到每月收入的兩到三倍時，除了繼續定期定額投資，還能夠再把之前每個月固定撥入存款帳戶的錢，拿來做其他的投資。」

「沒錯。這樣存款和定期定額投資的部分都能持續增加了。」

30 2017 年 4 月，當時的日本金融廳長官森信親先生曾經指出：「就目前熱賣的金融商品來看，都以結構型商品等複雜的投資信託居多，它們大多不適合長期持有。這種投資信託的買賣周轉率自然較高，每交易一次，金融機構就可以收取一次手續費。像這種在日本最常見、最普遍的投資信託，其建構和販售機制對顧客的資產到底能發揮怎樣的效果呢？」

31 每個月用固定金額買入同一個金融商品，像是共同基金的投資方法。

32 日經平均指數是代表日本股票市場的股價指標之一，也稱為日經指數或是日經 225。

33 將眾多投資人託管的資金集合在一起，再由基金經理人（專業資產管理機構）負責投資管理的一種金融商品。

34 投資股票或共同基金等金融商品的手法之一，也稱為「定額購入法」。在購買金融商品的時候不一次投入全部資金，而是將資金均分成小塊，定期購買一樣的金額並持續買進。

「說到定期定額投資，最好是選手續費便宜的。比起有名的大公司，我更推薦網路券商。這個也不要拖，現在就來上網開戶吧！」

我立刻用手機搜尋，選了一家手續費便宜、看起來操作方便的網路券商申請開立帳戶，先從穩定的投資開始。

▶ 將「複利的力量」發揮到極限

「投資不要選每月配息[35]的商品，要選將獲利再投入的類型[36]。你還年輕，應該要把複利[37]的力量發揮到最大極限。」

「複利的力量？」

「你肯定有在大學時期學過。複利是一種魔法，世界級的富豪，都是運用複利的魔法讓金錢增加的。不清楚複利是怎麼回事就無法投資。」

嗯，聽起來有印象，不過那到底是什麼意思呢？複利的魔法有這麼厲害嗎？

「所謂的複利，就是將投資獲得的收益併入本金再運

35　每月結算一次，並將部分收益，以配息方式分配給投資人的共同基金。

36　不配息，將收益再投入的共同基金。

37　將孳生的利息併入下期本金一起計息的方式。因為不僅是本金，連利息的部分，也會在下一期孳生利息，所以每一期得到的利息會越來越多。

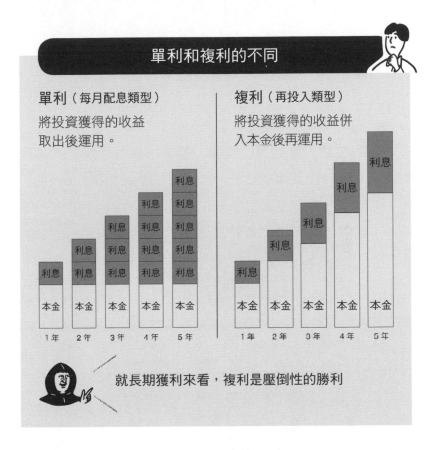

單利和複利的不同

單利（每月配息類型）
將投資獲得的收益
取出後運用。

複利（再投入類型）
將投資獲得的收益併
入本金後再運用。

就長期獲利來看，複利是壓倒性的勝利

用的方式，再投入型的基金就是複利的概念。與之相比，
單利就是將投資獲得的收益取出，只運用本金的方式。國
內有不少人，都偏好每月配息這種單利的投資類型。每個

月都有配息，就算金額不多也開心。」

「如果可以的話，我也喜歡每個月都有配息的。」

帕西奧利大大地嘆了口氣。

「你這種心態我可以理解，可是投資的奇妙之處就在於複利。因為從長期來看，兩者的結果會有天壤之別。」

「有這麼大的差異嗎？」

「好，假設投資 100 萬日圓，我們用年利率 10％來試算看看吧！」

帕西奧利一手拿著計算機，一邊開始在便條紙上寫數字。

「如果是單利的話，第一年一共是 110 萬日圓。第二年因為本金仍然維持 100 萬日圓，利息也仍舊是 10 萬日圓不變，和第一年的總額加起來就是 120 萬日圓。第三年本金還是 100 萬日圓，和之前的加總起來一共是 130 萬日圓，像這樣，每年固定增加 10 萬日圓。」

「沒錯。」

「不過，如果是複利的話，第一年也是 110 萬日圓沒變，但第二年本金會增加成 110 萬日圓，所以利息會變成 11 萬日圓，和第一年的金額加總起來就會變成 121 萬日圓。

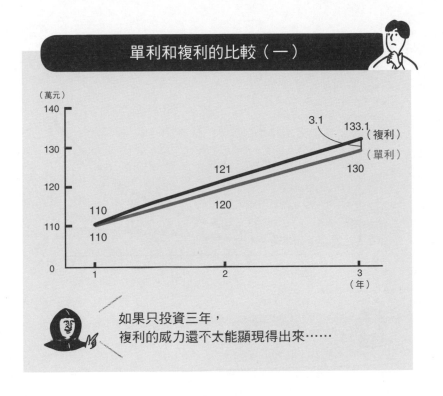

單利和複利的比較（一）

（萬元）

140

130

120

110

0

110
110

121
120

3.1
133.1（複利）
130（單利）

1　　　　　　2　　　　　　3
（年）

如果只投資三年，
複利的威力還不太能顯現得出來……

第三年本金就變成了 121 萬日圓，利息變成 12.1 萬日圓，
加總起來就變成 133.1 萬日圓。」

「的確複利這邊比較多，可是 130 萬日圓和 133.1 萬日
圓並沒有差別很大，這哪裡算什麼魔法呢？」

「這麼說吧，投資的期間越長，越能看出複利的驚人

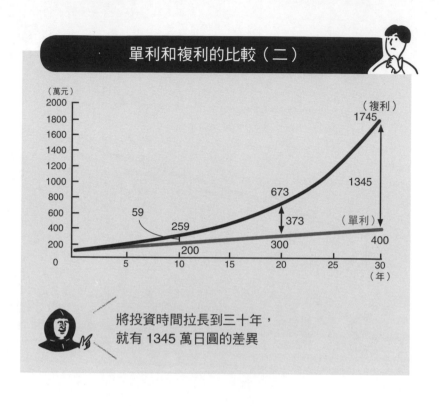

單利和複利的比較（二）

（萬元）

將投資時間拉長到三十年，
就有 1345 萬日圓的差異

之處，我就不細算給你看了。直接看結果，十年後單利的
總額是 200 萬日圓，而複利大約是 259 萬日圓。二十年後
單利是 300 萬日圓，而複利大約是 673 萬日圓，三十年後
單利是 400 萬日圓，而複利會變成約 1745 萬日圓 [38]。」

「1745 萬日圓 ?! 差了四倍以上耶！太驚人了！」

---

38 想自己計算看看的人，建議可以用 Excel 的 FV 函數（利率、期數、每期金額、現值、支
付日期）來執行。每期金額和支付日期空白也能計算。

　　我對如此大的差異感到震撼。既然如此，絕對是選擇複利比較有利。

　　「石油大王洛克菲勒 39 曾經說過，複利是『繼世界七大奇蹟之後的第八大奇蹟』。」

　　「難……難道你也教過洛克菲勒？」

　　「複利的確是我教他的，只不過，是從那傢伙也涉足軍火生意開始的吧？他做生意的手段太過激進，有點撈過界，樹敵也多。雖說晚年投身慈善事業，但世人對他的人生還是評價兩極啊。」

　　帕西奧利感傷地說道。賺的錢用在軍火買賣這件事，讓他覺得有些難過吧？

　　「複利的威力我懂了。雖然現在我能投資的金額不多，但也要一點一點慢慢地投資。」

　　「這樣做就對了。勞退年金自提（individual-type Defined Contribution pension plan, iDeCo）就複利和節稅來看也很有利，我建議你可以開始提撥。總而言之，自己賺來的錢，不論是要放在銀行裡冬眠，還是要奢侈地把它花光，都是你的自由，但會眼睜睜地錯過，利用複利讓這筆錢獲取更多利益的機會，你最好要認清這個事實。」

39　約翰・洛克斐勒（John Davison Rockefeller）創立標準石油公司，建構美國第一個托拉斯企業，號稱石油大王，被譽為近代歷史上最富有的人物。

「我知道了。我馬上就開始提撥年金自提和投資定期定額基金。」

「既然要開始，就先列入每個月的個人資產負債表吧。因為是『個人資產負債表』，所以科目名稱用自己看得懂的就行。」

儲蓄型保險是投資報酬率不錯的「好投資」？

「可以請問一個問題嗎？前些日子我有一個朋友，跳槽到外商的保險公司上班，他向我推薦儲蓄型保險[40]，這個商品就投資的角度來看可行嗎？」

「儲蓄型保險啊，哎，雖然不能一概而論，但我個人還是不太推薦。」

前段時間，朋友勸我說，買儲蓄險的報酬率，比把錢存銀行好得多。不過因為要換掉目前的保險很麻煩，而且現在也沒有餘裕，所以我暫不考慮。

40　將每個月的保險費儲存起來的保險。一般而言，在解約或到期的時候，以解約金或是到期保險金的名目將錢取回。

「首先，保險機制本身的風險就相當高了。它們的業務員薪水都不錯吧，廣告也是大手筆，而且手上還擁有許多地段一流的豪華辦公大樓，這些錢是哪兒來的，你想過嗎？」

「沒有，我沒想過。這樣說起來，保險公司花很多錢耶。」

在外商保險公司上班的朋友，好像賺很多錢的樣子。所以說，這是從公司分到的部分比較多嗎？

「這是不是表示那些都是用我們繳的保險費付的？」

「沒錯。要保人每個月繳交的保險費裡包含了純保費，也就是返還給要保人的保險金[41] 或是保險給付[42]，還有就是附加保費，亦即保險公司的手續費，以及用來支付業務員薪水和廣告費的錢，這兩者的比例通常都不會公開列出。不過呀，像那樣大手筆地砸錢，想來附加保費的占比，一定不會小到哪裡去啦。」

「我也有同感。」

「你應該想一想得到的服務，是否真的符合這些付出的附加保費。保險業務員如果可以提供值得這些成本的心力，花昂貴的保險費買保險也無妨，不過最近也有那種降低

---

41 指被保險人死亡，或是保單期滿時，從保險公司領到的錢。收到保險金後，契約隨即終止。
42 指當被保險人因病住院，或是接受手術治療時，被保險人在保險期間仍生存，且從保險公司領到的錢。收到保險給付後契約仍然持續。

這些成本經費的網路保單，也有人會選擇這一類的保險。」

我現在的保險，是向來公司推銷的壽險業務員購買的。自從買了之後，就沒再聯絡了，我也不覺得有得到什麼很殷勤的服務。

「再者，儲蓄型保險如果可以等到期滿，之後領回的錢，是比投入的金額要多啦，但大部分的商品如果中途解約，拿回的錢都會比原先已經投入的錢少很多，這也是個問題。而且一旦發生了萬一，領了保險金，很多商品都是無法拿回解約金的。這樣看來，還不如選擇中途停繳、保費不退的保險，靠自己投資來增加收益[43]。因為如果是自己投資，就算有個什麼萬一也沒關係，至少投入的資金還有剩餘。」

「這麼看來，買儲蓄型保險好像沒有什麼優點。」

「日本是全民保險[44]，擁有世界稱讚的醫療保險制度，高額醫療的部分[45]，也都由國家負擔，所以就算真的住院或開刀，也不會花費太多的錢。靠自己投資，補足國家制度不足的部分就可以了。」

---

[43] 2017 年 4 月，日本金融廳長官森信親先生曾經指出：「比方說在販售儲蓄型保險商品時，目前都會說明『這是為了滿足顧客，希望能同時兼顧壽險和資產運用需求的組合商品』，但如果站在顧客的立場，是不是也應該要先比較，若是分別購買單一債券、基金以及現有保險的購買成本，讓他們充分了解後，再判斷是否投資呢？」。

[44] 原則上，所有國民都必須加入國家醫療保險的制度。日本的醫療保險制度就全世界而言，評價甚高，2000 年世界衛生組織（WHO）更給予全球第一的評價。像美國之類的先進國家中，有些也有民間的保險制度，而多數國民沒有保險的國家也不在少數。

[45] 當醫療費用自付額的部分過高時，超出一定金額（自付限額）的部分，可以得到償還。

投資自己才能賺更多的錢

「我了解了。那，所謂的投資自己[46] 又是怎麼回事呢？」

「投資自己有很多方式，你覺得是什麼？」

「應該就是取得某種資格證照吧？我的周遭也有很多在用功考取證照的人。」

「有很多人都以為投資自己就等於取得證照，但就會計力的思維而言，投入資金得到的收益，要大於投入金額才行，如果從這個角度來看，取得的證照能否活用在工作上，能否增加收益就至關重要了。取得某一資格，就可以靠它賺錢的時代已經過去了，未來連律師和會計師的工作，泰半都可以被 AI 取代，現在擁有證照卻養不活自己的，也大有人在。」

「這個我聽說過。現在這個時代，就算當了律師也還不是收入保證。」

我回想起前些日子才看到的新聞，有位律師開了一家律師事務所後，卻完全沒有收入，只好回去當上班族。

46　為了提升自己能力、取得資格證照的投資。

「不僅僅是證照，這世上有種種不同的商業課程，有很多只是讓人覺得學了會有所成長而已。投資自己雖說可以滿足對知識的好奇心，讓自己變得更好，但如果投入的錢無法回收，就和奢侈浪費沒有兩樣了。」

「那具體來說，應該學什麼比較好呢？」

「最要緊的，就是讓自己擁有賺錢的能力，其中也包含為人處事的修養。如果沒有為人處事的修養，就算賺錢也無法長久。再者，哪怕只有學到一點皮毛，都一定要付諸實踐。**身體力行才能讓投入的金錢得到收益。**」

「身體力行，投入的錢才有收益。這是會計力的基本原則呀！」

「沒錯。只不過難就難在為人處事的修養，是一門很深的學問，很多時候無法馬上與賺錢劃上等號。但若是因為不會立刻讓錢變多，就不去用心鑽研，只一味地學習眼前的方法，那麼就算一開始進展順利，將來還是會卡在某個地方，無法繼續發展。這其中的平衡不易掌握，但不論是哪一個，最重要的就是實踐。**雖然有實踐不一定會成功，但如果不實踐，人生就一定不會有任何改變。**」

沒錯。我下定決心，之前學到的東西一定要付諸實踐。

「投資自己」的重要關鍵

資產負債表（B/S）

投資自己	自有資本
提高能力，讓將來得到的錢變多	資本成本

如果要投資自己，學習某項技能，是否能加以實踐、賺到比投入金額更多的錢是關鍵

「我也想實踐你教的知識，成為一個成功的人。」

「這就要靠你自己了。我剛才也講過，能實踐所學的人只有一成，這當中，也僅一成的人能夠持之以恆，意即成功者僅僅 1％。**成功沒什麼特別的學問，關鍵只在於有沒有持續身體力行罷了。**」

「是！我會付諸行動而且持之以恆的。」

「好了，今天就到這裡吧。有了要讓錢增加的自覺，

也要懂得把錢花在雖不能讓錢增加，但卻能讓自己真正感到幸福的事物上，這樣的人生才精彩！像我就超愛甜食，尤其是提拉米蘇。」

因為是義大利人，所以才喜愛提拉米蘇嗎？只不過文藝復興時期，就已經有提拉米蘇了嗎？

「啊，教了你這麼多，記得明天要買提拉米蘇孝敬我，就這樣說定哦！」
「是，我知道了。」
「最要緊的是，清楚了解對自己而言什麼是重要的，什麼是幸福的。否則錢只會浪費在沒用的東西上頭。要有一種怦然心動的感覺，這是收納大師近藤麻理惠小姐（編者註）教的。」

帕西奧利到底是哪個時代的人啊？

「提拉米蘇會不會成為有收益的投資，就看你了。如果你能把學到的充分應用，變成將來的錢，這些錢就是活的錢。如果你沒有活用所學，那麼這些錢的作用，就只是

編者註 近藤麻理惠小姐是知名的「整理諮詢顧問」，她所傳授整理方法，名為「怦然心動人生整理魔法」，意思是：「捨棄、整理讓自己無法怦然心動的東西」。其整理方法的重點，在於要把東西一個一個拿起來，確認自己是否會「怦然心動」，再判斷要不要丟掉。

讓吃了提拉米蘇的我覺得開心而已。不過這樣也不錯啦。」

「沒錯，即使使用金錢的方法相同，也要看它活用的程度如何。」

「是的。哎呀，想到提拉米蘇就覺得肚子空空想睡覺了。」

話才說完，帕西奧利就躺到床上開始打呼睡覺了。

為了不忘剛剛學到的東西，我將它們一一記在便條紙上，然後也躺在沙發上睡著了。

會計力對人生也有幫助。

倒不如說，如果把會計力應用在生活中，才能真正發揮它的效果。

在生活中，很少人會清楚意識到金錢需要付出成本吧。

反正運用信用卡神奇的循環信用機制，就可以購買超出自己收入的東西，還能輕鬆得到兩倍的紅利點數，常令人有購物的衝動，不假思索馬上下單。但想想那超高的利息，它其實就和地下錢莊沒兩樣。

不是說利息低就沒事，購買不會讓錢增加的資產、要花成本的資產、會貶值的資產，這真的是必要的嗎？會讓自己覺得幸福嗎？這些也是必須考量的重點。

其實沒有必要、也不會讓自己變幸福，單單只是因為大家都有，或是虛榮心、自尊心作祟才擁有的東西，從會計力的觀點來看，都是沒有道理的。

相形之下，還不如想想把錢投資在可以增加收益的資產上。

　　首先，是將收入的 10％以及獎金的 50％存起來，這是讓自己有安全感的存款，不可以動用。當存的錢達到每個月收入的三倍時，就把多餘的錢拿來投資，活用金錢，讓錢生錢。

　　具體的投資方法有股票、不動產或是自己，方法千百種，但關鍵是要自己思考，自己對投資的行為負責。善用複利的威力，讓金錢增長的更快。

　　當然，就如帕西奧利說的，人生不能只想著怎麼讓錢生錢，把錢花在不會生錢的東西上，也沒什麼問題。

　　重點是自己的感受，它們是否真的可以讓自己覺得幸福。體認這些感受就廣義而言，也可以說是提升會計力的一種。

第二章隨堂筆記

🖊 金錢需要支付成本

1. 隨時抱持著要讓金錢增加的意識，不要輕易浪費。
   - 循環信用→是邪惡的商業模式
   - 進口車→成本雖然便宜，但無法產生收益
   - 自用住宅→會限制自由

2. 創造可以產生收益的機制才實際！
   - 投資股票
     ‣ 投資和投機不一樣
     ‣ 長期持有需要資金的公司
     ‣ 用定期定額的方法投資再投入型的基金
   - 保險
     ‣ 比起繼續繳納儲蓄型保險，中途停繳、保費不退的保險，成本反而更低
   - 投資自己
     ‣ 讓自己擁有賺錢的能力
     ‣ 擁有為人處事的修養

3. 賺取比投入金額更多的錢。

借力使力，
活用槓桿的力量

▶ 你關心過公司的財務報表嗎？

一覺醒來，已經看不到帕西奧利的身影。我連續兩天都在做夢嗎？但這一切實在太真實了，已經不覺得是夢了。

我把昨天帕西奧利教的再消化一下。

金錢是要付成本的。借來的錢就不用說了，就連自己賺來的錢也有成本，抱持著活用金錢，讓錢生錢的意識至關重要。當然，若是把錢用在自己喜愛的、且感到幸福的事物上，就算不會增加收益也無妨，但若不是，只在乎世人的目光和虛榮心，這種消費行為從會計力的觀點來看，就是既荒謬又愚蠢。

錢更應該用在可以增加收益、擁有賺錢能力，以及真正讓自己感到幸福的事物上。這才是所謂的活用金錢。

這些思緒還在腦袋裡打轉的時候，人已經抵達公司。早上的通勤過程總是讓我感到煩悶，但現在卻感覺自己不知不覺中變得更正面、更積極了。

我一坐到位子上就啟動電腦，上網打開自己公司的網頁，上面有一項是「股東與投資人」。我點了進去，把最

近一期的有價證券報告書[47]打開來看看。仔細想想，我進公司也四年半了，這還是第一次看自家企業的決算報告[48]。難得學了會計，卻不曾真正應用過它。

　　瞄一下資產負債表，首先注意到的是借款的金額頗多。和自有資本相比，長期借款較多。這樣沒問題嗎？

　　「怎麼了，松井。在看財報呀？」

　　我嚇了一跳回頭望，小林小姐正站在我的身後。

「槓桿力量」是什麼？

　　「這是我們公司的決算報告，你看了有什麼發現嗎？」
　　「公司的借款很多耶。我都不知道公司借了這麼多錢。這樣沒問題嗎？」

47　日本的上市公司，大多會在每個會計年度製作有價證券報告書，對外公開企業內部的資訊。上面記載著企業的概況、營運內容、設備狀況、營運情形以及財務報表等等。

48　決算報告和財務報表嚴格來說並不相同，但本書不會特意強調區別。正確來說，決算報告是依據日本的稅法，其中包括資產負債表、損益表、股東權益變動表以及會計科目分類明細表，全部的股份有限公司都須製作。而財務報表是依據日本的金融商品交易法，其中包括資產負債表、損益表、股東權益變動表、現金流量表以及附表，上市的企業需要製作。其他還有依據日本公司法而製作的相關文件報表。

「的確，我們公司的自有資本比率[49]較低。不過雖說負債金額多，但大都是來自長期借款[50]的部分。短期借款多是個問題，但因為流動比率[51]也很高，所以不用擔心。我們公司是刻意增加負債，來從事槓桿操作[52]的。」

　　自有資本比率、流動比率、槓桿操作……小林小姐以為我有會計方面的知識，不自覺地使用專業術語，但我卻聽得迷迷糊糊。

　　自有資本比率，應該是總資本之中自有資本所占的比例。流動比率大概是流動資產[53]和流動負債[54]的比率吧？那槓桿操作又是什麼呢？

　　我只能了解到這樣的程度，不懂的就老老實實地說不懂吧！

　　「請問，『槓桿操作』是什麼意思呢？」
　　「松井，你不懂什麼是槓桿操作嗎？這個在商學系讀會計的時候都有教過吧？」

49　自有資本的金額，占總資本（資產負債表的右側，也就是負債和自有資本的合計，也等於總資產）的比例。是顯示總資本中，有多少屬於自有資本的指標。自有資本比率越高，企業的財務狀況就越穩定。

50　償還期限超過一年以上的借款。相對之下，償還期限在一年以內的借款，就叫做「短期借款」。

51　流動資產金額除以流動負債金額所得出的指標。流動資產是一年以內可以變現的資產，而流動負債是一年以內要償還的負債，此一指標顯示流動資產超出流動負債多少。從流動比率可以看出企業短期的支付能力（短期安全性）。

「呃，是。」

不知為何，小林小姐和帕西奧利在我的記憶中重疊了。

「所謂槓桿操作就是利用槓桿原理。比如一家負債為 0、自有資產為 100 的企業，其產出的利益如果為 10，那麼 ROE[55] 就是 10％。」

小林小姐一邊畫圖一邊說明。

「相較之下，如果增加負債的比率，負債為 50，自有資本為 50，同樣產出 10 的收益，那麼 ROE 就變成了 20％。像這樣應用槓桿原理，靈活運用負債來提高 ROE 的方法，就叫做槓桿操作。」

ROE，是相對於自有資本的收益比例。如果收益相等的話，自有資本越少，ROE 就會越高。

「所以，如果負債的比率越增加，ROE 就越高對嗎？」

52　即槓桿原理。在財務會計的世界中，使用他人資本（負債）來提高自有資本收益的行為。

53　一年以內可以變現的資產。

54　一年以內要償還的負債。

55　ROE（Return on Equity），即股東權益報酬率。顯示相對於自有資本可以產出多少收益的指標。

什麼是槓桿操作？

損益表 P/L	資產負債表 B/S
收益 10	資本 100

$$ROE = \frac{10}{100} = 10\%$$

損益表 P/L	資產負債表 B/S
收益 10	負債 50 資本 50

$$ROE = \frac{10}{50} = 20\%$$

所謂槓桿操作，就是指應用槓桿原理，靈活運用負債來提高 ROE（股東權益報酬率）的方法

---

56 將金融商品以及企業和政府的信用狀態，用簡單的記號或是數字，來進行相關評價、分級，也叫做信用評等。通常由 Moody 或是 S&P 等信評機構來評比。如果信用評等高，就可以用較低的利息調度到資金，如果信用評等低，就很可能會有倒閉的風險，這時就非得用較高的利息才能調度到資金。

　　「沒錯。只不過這麼一來，財務體質會惡化，財務評等[56]會下降，之後負債的調度成本就提高了。換言之，自有資本太多 ROE 會惡化，而負債太多，其調度成本又會增加。尋求兩者間最恰當的平衡點，就是最適資本結構[57]。」

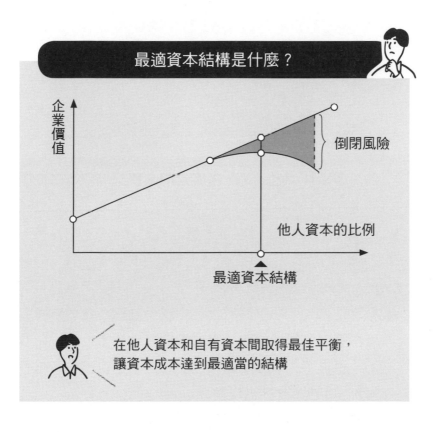

最適資本結構是什麼？

企業價值

倒閉風險

他人資本的比例

最適資本結構

在他人資本和自有資本間取得最佳平衡，
讓資本成本達到最適當的結構

57　在他人資本和自有資本間取得最佳平衡，讓資本成本達到最適當的結構。若要更為周密的話，連負債的節稅效果也要考量進去。

「最適資本結構？」這在大學時期也有學過，只不過全還給老師了。現在實際看了自己公司的決算報告，對它的意義有更深的體悟。

　　「不只是公司的決算報告，你也可以看看客戶的決算報告。拿其他同行的決算報告來比較，或是和不同的時期來比較，你都可以發現很多訊息哦。」

　　「還有，槓桿的力量不僅僅是在會計方面，在生活中也可以靈活運用。」

　　將槓桿的力量應用在生活中？令我很好奇。

　　我照著小林小姐說的，從客戶的網頁上，列印出他們的有價證券報告書和IR[58]。看了決算報告後發現，他們與我們公司不同，其自有資本比率很高，真是實實在在的企業。說起來他們的負責人，也是給人老實誠懇的印象，這樣的公司文化，竟然會反映在財務體質呀？本來以為決算報告只是一團數字的堆砌，想不到可以從中感受到活生生的事實。

　　看決算報告對我來說，變成是件有趣的事，我不只看客戶的，也看了一些知名企業的。想不到是自己主動想看決算報告，人生真是充滿驚喜呀！

58　IR（Investor Relations），即投資人關係。企業與投資人和資本市場溝通交流，以期望得到公正的價值評價。

何謂「好的借款」和「不好的借款」？

工作結束，我走出辦公室。今天晚上會見到帕西奧利吧？不管了，先去買提拉米蘇當伴手禮吧！假如沒有見到他，自己吃也不錯。

走向涉谷的購物商場，買了兩塊平常不會買、一塊要價 500 日圓的高級提拉米蘇回家。家裡黑漆漆的，空無一人。

「唉，那個帕西奧利到底是何方神聖啊？這幾天真的是夢嗎？」

我嘆了口氣。脫下西裝、換上居家服在茶几前坐下，無奈地打開買來的提拉米蘇。

「那個難道就是提拉米蘇？」

「哇！帕西奧利先生，你在家呀？不要嚇我啦！你到底是藏在哪裡啊？」

「我是被提拉米蘇的香氣引誘出來的。如果你沒買回

來，我就不打算出來了。」

這未免太現實了吧？不過他這樣的表現，卻讓人討厭不起來。

「噢！這提拉米蘇怎麼會看起來這麼好吃！真教人猜不透它啊！」

帕西奧利雙眼發亮地說。

「那個，喂，你有買 expresso 吧？」
「啥？ expresso ？」
「提拉米蘇和 expresso 最對味了。你真是一點也不機靈耶！」
「抱……抱歉……」
「哎，算了，咖啡也行啦！」
我泡了一杯即溶咖啡遞給帕西奧利。

「啊，真棒，太幸福了。我還是第一次吃到這麼好吃的提拉米蘇呢！」

「能合你的口味真是太好了。」

「真的很好吃。多謝啦！」

帕西奧利一臉滿足地向我拱手作揖。

「多虧了有西點師傅、蛋糕店店員，還要感謝農民和乳牛，我才能吃到這麼好吃的提拉米蘇啊！」

「呃，帕西奧利先生，你怎麼了？」

「沒事啦，只是想到這提拉米蘇在來到我手上之前，要經過那麼多人的辛苦付出，覺得很感動罷了。當然，我也要感謝你。」

「別客氣，我才要謝謝你。」

我受之有愧地拱手回禮。

「不過你真厲害，能想得這麼周到。」

「當然吶，人是無法獨自生存的，得借助許多人的力量才能活下來。像這樣借助他人力量的行為，就是槓桿原理的應用，也就是所謂的『會計力』。」

「槓桿原理！這個是我今天向小林小姐學到的。」

「那正好，你來說明一下槓桿原理吧！」

面對突如其來的詢問，我拚命回想今天早上小林小姐對我說過的話。

「呃，就是增加負債比率，讓 ROE 提高，對吧？」

「沒錯，用會計的角度來說就是活用負債。」

「活用負債？可是你昨天不是說，用貸款買進口車或是自用住宅是不好的嗎？」

昨天才否定用貸款買進口車和自用住宅，現在卻說要活用負債，這不是相互矛盾嗎？

「是你斷章取義的理解，借錢並沒有什麼不好。」

「是這樣啊？我以為借錢就一定是不好的。」

「如果能讓金錢增加的幅度，大於借錢所花費的成本，那就可以投資。因為活用借款，可以投資比自有資金更多的金額，換言之，就是能發揮槓桿的效果。」

「勞動收入」與「被動收入」的差別

「可以投資比自有資金更多的金額？原來這就是槓桿操作的意思呀！」

「沒錯。假如自有資金只有 20 萬日圓，則借 30 萬日圓就可以進行 50 萬日圓的投資。如果用 2％借的錢可以得到 5％的收益，輕輕鬆鬆就能讓錢增加 3％的獲利，這樣一來便可創造自己的被動收入[59] 了。」

「被動收入是指什麼事都不做，就可以讓錢生錢對吧？」

「與其說什麼事都不做，正確的說法應該是，與付出勞務的時間不對等才對。昨天跟你說明的股票投資，還有版稅、經營事業等等，都可以創造被動收入。收入[60]分為『勞動收入』和『被動收入』兩種。勞動收入是要勞動才能得到的錢，像薪水就是典型的例子。有勞動就可以有薪水入袋，但不勞動就沒有。其實像醫生、律師或是大企業的職場菁英賺取的，也全都是勞動收入。」

「有勞動就有薪水，沒有勞動的話就沒有，這不是天經地義的事嗎？」

59　指像利息、股息、房租或是地租等，自己無需勞動，就可以得到的收入。也稱為資本所得或權利收入。

60　嚴格來說，收入和所得的意義並不相同，不過因為比起被動所得，被動收入的說法更為普及，所以本書統一都使用「被動收入」。此外，收入中扣除必要開銷的部分就稱為「所得」。

「大多數的人，都認為這是理所當然，但這只不過是得到報酬的方法之一罷了。這世上還有許多與勞動付出不對等的收入。」

「借錢不好」的觀念是否正確？

資產負債表 B/S

資產 投資 50 萬日圓， 報酬率 5%	**負債** 借款 30 萬日圓， 借款利息 2%
	業主權益 自有資金 20 萬日圓

如果能讓金錢增加的幅度，大於借錢所花費的成本，那麼借錢就沒什麼不好，可以考慮

可是，沒有付出勞動就能得到的收入，雖然很令人羨慕，但從另一面來看，總覺得有些不公平。

「被動收入雖然很誘人，但似乎也有些不公平。」

「這是源自所謂勞動是美德的思維，認為獲得金錢要付出辛勞、汗水的觀念。這種想法很好，我也不反對，因為勞動是件快樂的事。」

「我的父母也教導我，賺錢要付出辛勞和汗水，天下沒有白吃的午餐。」

「你的父母認真勤勉，令人敬佩。有很多人都像你一樣，覺得不勞而獲是不好的，但這麼想只會限制自己的可能，所以這種觀念還是放棄的好。**重點不在於付出怎樣的辛勞，而是在於為他人帶來怎樣的幸福。**如果和自己拚命辛苦工作，卻不會讓任何人變得幸福相比，還不如悠悠哉哉地過日子，卻能成就某些人的幸福，同時讓錢變多，這樣不是更好嗎？」

帕西奧利接著說：「其實大多數的人，都認為賺錢一定要付出勞力，他們從沒想過會有其他的方法，因為學校裡根本沒教過。在學校裡學習到的，就只有如何成為勤勉

的勞動者。」

「為什麼學校不教我們這麼重要的事呢？」

「哎呀，這是洗腦啊！因為學校教育的目的，就是要培育勤勉的勞動者啊。這些重要的事非得靠自己學習不可。也因為這樣，擁有會計力才會這麼重要。」

「聽了帕西奧利先生的話，我也想要創造被動收入。」

「如果只談如何不勞而獲，也會很無趣。畢竟辛勤勞動為他人帶來快樂，是一件很幸福的事。」

的確，如果什麼都不做的話，人生就沒有意義了。

「收入來源若只有勞動收入，當生病或受傷時，收入就會中斷而面臨危機，所以同時擁有勞動收入和被動收入，兩者取得平衡是最棒的。如果生活所需的必要資金，能靠被動收入供應，對金錢就不會有不安全感，待人處事也會變得更和善，因為今後只做自己喜歡的工作便可以過活，所以工作的表現會有所提升，錢也能賺得更多。這會是一個良性的循環。」

如果能過著這樣的人生，那該有多好啊！

有錢人投資的不動產，和你想的不一樣

「不過很多人只要收入一增加，就立刻變得奢侈，提高生活花費，這也是沒有會計力的表現。」

「你的意思是不可以奢侈嗎？」

「不，奢侈是快樂，也是美好的體驗。體驗是人一生最好的資產。只不過我認為，好不容易得到的金錢，與其任性揮霍，還不如拿來建立自己的資產部位。」

「如果收入有增加，把增加的部分拿來消費下不好嗎？」

「這是個人的自由啦，只不過應該要考慮一下機會成本[61]。」

「機會成本？這又是什麼意思呢？」

「你在大學時，應該有學過吧？就是把錢投資在其他地方，預估可以得到的收益。當奢侈地使用金錢時，必須兩相權衡一下，想一想，如果這些錢用來投資，可以得到多少收益，尤其是透過複利會更多。」

「這是指股票之類的投資，所能得到的收益嗎？」

---

61 指決策過程中面臨多項選擇，當中被放棄而價值最高的選擇，又稱為「替代性成本」，就是俗話說的「世界上沒有白吃的午餐」、「魚與熊掌不可兼得」。

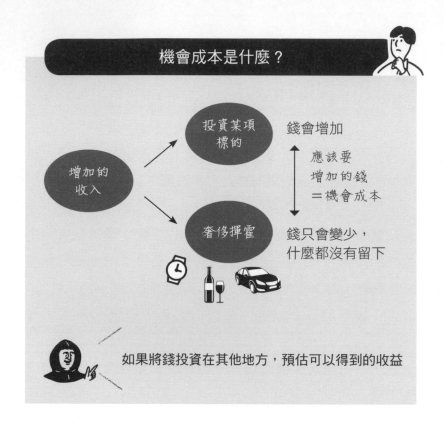

機會成本是什麼？

增加的收入 → 投資某項標的　錢會增加

應該要增加的錢＝機會成本

增加的收入 → 奢侈揮霍　錢只會變少，什麼都沒有留下

如果將錢投資在其他地方，預估可以得到的收益

「這也是一個選項，不過既然剛才有談到槓桿操作，我們就來說說不動產投資[62]吧！」

「不動產？您不是說不應該買自用住宅嗎？」

「不動產投資和購買自用住宅是兩回事。自用住宅基

---

62 投資不動產以賺取收益為目的。

本上不會產出任何收益，不動產投資則是購買可以出租、收取租金的收益不動產。」

　　收益不動產？說起來，和我同期的工藤，很得意地說自己買了一間投資用的高級公寓。

　　「如果出租這項資產，就可以產生收益。自用住宅不會生錢，但不動產會。沒有一個有錢人不投資股票的，大概也沒有一個有錢人不投資不動產的。」

　　「沒錯，印象中有錢人都持有不動產。我的朋友中，也有人購買投資用的高級公寓。他曾說不用頭期款就可以投資。」

　　「哦，他是投資不用付頭期款的高級套房啊。投資套房也行，只要不是買到錯誤的物件就好，不過很多人都是聽了業者的花言巧語，而受騙上當才買的。投資不動產的關鍵，是不能光聽業者的，要自己好好學習，蒐集情報才行。雖然也存在有良心的業者，但基本上他們都會推薦想要賣出的物件，這一點最好要有心理準備。如果不好好做功課，是會嘗到苦頭的。」

　　「可是學習、蒐集情報很麻煩耶，有沒有更簡單的方法呢？」

不動產投資的概念

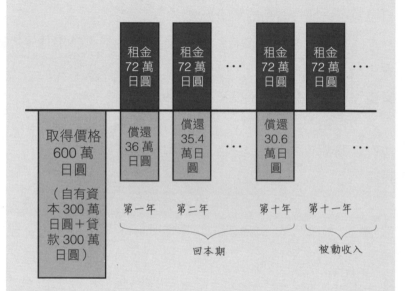

	租金 72萬 日圓	租金 72萬 日圓	…	租金 72萬 日圓	租金 72萬 日圓	…
取得價格 600萬 日圓 （自有資本300萬 日圓＋貸款300萬 日圓）	償還 36萬 日圓	償還 35.4 萬日圓	…	償還 30.6 萬日圓		…
	第一年	第二年		第十年	第十一年	
	回本期			被動收入		

大約十年回本，之後就會變成被動收入

116

　　「世界上沒有那麼好康的事，你最好認清這個事實。雖然被動收入給人一種輕鬆賺錢的印象，但不好好學習的人，就只會被當成是冤大頭。」

　　是吧？天底下果然沒有這麼好康的事啊！

　　「如果好好學習、勤做功課，500 萬日圓以下的中古物件到處都有。把它改造翻修一下，一個月租金 6 萬日圓，一年就可以產出 72 萬日圓的收益。假設包含所有費用的投資總額是 600 萬日圓，其中的一半，也就是 300 萬日圓，以年利率 2％、十年期的貸款取得，那麼每個月的償還金額就是 3 萬日圓，扣除之後，每個月的收益還有 3 萬日圓。包括其他的開銷和稅金，大概十年可以回本，之後它就會變成你的被動收入。」

　　「這真是太厲害了！」

　　「如果生活所需的必要資金，都可以靠被動收入供應，便能擺脫對金錢的不安全感，如此就能自由地使用這些錢了。」

　　但難道都沒有風險嗎？

「不動產不是也有租不出去的風險嗎？你昨天不是才說，以後空屋率會高達三分之一嗎？」

「這是因為把財務槓桿放到最大，在沒有頭期款的情況下借入高額貸款，於資金吃緊的窘境中硬要投資。如果沒有選錯物件，是不會空了一年、兩年都租不出去的。假使才幾個月租不出去，現金流 63 就周轉不過來，它會變成是一個負擔，這種情形還是不要投資的好。雖說要活用槓桿的力量，但也不能在毫無頭期款的狀況下投資，最好還是努力先存個幾百萬日圓，再搭配適當比例的貸款。」

「可是要存到幾百萬日圓很難耶！」

「沒這回事。只要把你那支高級手錶，還有進口車什麼的奢侈花費省下來，再把月薪的 10％，以及獎金的一半好好存進戶頭，幾年之後就有幾百萬日圓了。不過呀，那些不懂得會計力的傢伙，只要存了一點錢就立刻想要揮霍，難怪會一直被錢追著跑。」

被這麼講我無話可說。用循環信用買了超出自己能力範圍的高級手錶，我真是後悔不已。

63　現金的流動。就是金錢的收入與支出。

借助人力，活用「槓桿的力量」

「這個槓桿原理的觀念，也可以應用在生活上。」

「沒錯。小林小姐也這麼說過，不過，這個意思是叫我們要多多借錢嗎？」

「不是的。它是說在生活中也一樣，除了自己的力量之外，也會借助他人的力量。」

帕西奧利一邊說著，一邊在便條紙上畫一個資產負債表。

「只靠自己的知識或經驗做事，就好像只使用自有資本一樣。所有成功者都是活用人力的人，無一例外。他們不僅活用自己的力量，也善用他人的力量。換句話說，他們不僅使用自有資本，還借助他人資本，活用槓桿原理。」

「的確，**借助他人力量就是槓桿原理的運用。**」

「再回到剛才提拉米蘇的話題。如果只靠一個人的力量，不管是多麼天才的西點師傅，都做不出提拉米蘇。必須要有農民、原料加工者、道具製造者還有配送人員，借

助這許多人的力量，才能做出一個提拉米蘇。這個道理，不論哪一個工作都說得通。」

「沒錯，雖然之前沒有發覺，但現在想來，我的工作也是借助許多人的力量，才得以完成。」

「越意識到這點，越心懷感謝，就越能借助更多人的力量。你知道嗎？鋼鐵大王卡內基[64]的墓誌銘上寫著，『這裡面躺著的，是一個能夠吸引比他優秀的人為其效勞的人。』」

吸引比自己更優秀的人？如果可以這樣，應該就沒有什麼辦不到的吧？

「借助他人的力量，靈活運用槓桿原理。要做到這一點，首先一定得讓自己成為值得信賴的人，讓自己成為能使他人力量得以發揮的人才行。」

「我也有同感。要更提升自己，讓自己更加成長才可以。」

「會計的槓桿操作也是如此。人之所以可以使用他人的資本，也就是借得到錢，是因為有誠信。人如果沒有誠信，也不會有人願意借錢。雖然一般人對借錢的印象不是很好，但可以借得到錢，可以借助到他人的力量，這是一件了不起的事！」

64　安德魯・卡內基（Andrew Carnegie），是卡內基鋼鐵公司的創辦人，被譽為鋼鐵大王。

原來如此，因為有誠信所以才能借得到錢，我之前從沒站在這個角度想過。

「你最好也想想，自己可以借助哪些人的力量，還有如何將這些人的力量，發揮到最大極限吧！」

思考你的「人生的資產負債表」

他人的力量

自己的力量

借助他人的力量＝活用槓桿原理

做一張「人力資本的資產負債表」

「不過老實說，現在的我好像沒什麼可以借助力量的人。」

「沒這回事。既然已經做過『自己的資產負債表和損益表』，那就試著做一張『人力資本的資產負債表』吧！」

帕西奧利一邊說著，一邊在便條紙上寫下資產負債表。

「右下方是自有資本的部分，在這裡寫下你擁有的知識和經驗，右上方他人資本的部分，試著列出那些你可以借助力量的人名。」

「你突然臨時要我寫出來，這……」

「沒關係，你先試著寫看看。是否真的可以借助他們的力量這一點，可以先不用考慮。」

說起來，我自己的知識和經驗，就是大學時讀過的會計、業務的經驗，還有跟帕西奧利學到的會計力，我把這些列出來。至於我想要借助力量的人名，分別是小林小姐，

同事岡田、工藤，我的下屬石川，大學時期的朋友前田和
涉谷，還有我的父母。

松井的「人力資本的資產負債表」

＜資產＞	＜他人資本＞ 小林小姐、岡田、 工藤、石川、前田、 涉谷、父母
	＜自有資本＞ 會計知識、業務經驗、 會計力

自有資本＝自己的知識和經驗
他人資本＝想要借助力量的人

「你看，可以列得出來嘛！」

「這樣列出來之後，我才發覺自己從別人那裡得到的，比自己以為的還要多。真是感恩！」

「應該還有很多才是。」

　　正如帕西奧利所言，我想要借助力量的人還有很多。可是我真的可以得到他們的支援嗎？

「我該怎麼做，才能獲得他們的援助呢？」

「你只要誠懇地拜託他們：『請幫助我』就可以了。」

「說『請幫助我』嗎？這種話很難啟齒。」

「很多人都認定這個世界是殘酷的，完全只想靠自己，這是對人不信賴的表現。」

「對人不信賴……」

「這世界比你認為的還要善良。知道自己力量不足，就借助他人的力量即可。如果之前不會依賴他人，從現在開始也不晚。要珍惜周遭的人。」

　　從會計的觀點放大來看，可以延伸到珍惜周遭的人，這一點我未曾想過，可是帕西奧利說的確實不錯。

自己可以產出的價值在哪裡？

「你想一想，假如在能夠借助他人力量的情況下，與自身的力量相結合，可以產生出怎樣的價值呢？」

帕西奧利繼續補充說：「你想創造怎樣的世界，讓同樣也有這些想法的人們，成為你的合作伙伴？」

自己想要產出怎樣的價值？關於這一點，我也從來沒有思考過。

「像 SONY 或是 HONDA 那樣的大企業，也是源自於創辦人的發想。把擁有共同想法和理念的人們集結在一起，之後才發展成為大規模的企業。」

「SONY 或是 HONDA ？我沒有那麼大的志向啦！」

「我並不是要你另外創辦一個大企業，就算只是公司的任務，或者是像自己創業之類的，若能產生共鳴，得到朋友的助力，就可以爆發出一個人無法產出的價值。」

	＜他人資本＞
＜資產＞ 自己想做什麼？ 想要產出怎樣的價值？ 想要創造怎樣的世界？	
	＜自有資本＞

不用馬上思考，重要的是需時常意識到這一點

　　我到底想要創造出什麼呢？我能夠提供怎樣的價值呢？

　　「你不用現在馬上想，但要時時意識到這一點。把它寫在資產負債表左邊的資產部分，隨時拿出來看就好了。」

　　「我知道了。」

　　「再者，不僅僅是你自己，借你力量的那些人也是，所有人的時間都是要付出成本的，這一點要有自覺，一定要保證產出的成果大於這些成本才行。」

　　「是。」

　　我一臉嚴肅地答道。

　　「啊，你的表情很凝重耶！我剛才也說過，因為是人生，所以也不用隨時都想著，非得產出金錢或成果不可啦！」

　　「了解。因為聽你說有產出金錢或成果的責任，所以不由得心情沉重了起來。」

　　「真是個認真的傢伙啊！這正是你的優點。不過最大的成果，還是你自己本身的幸福。那些幫助你的人，最終的希望也是你的幸福。」

帕西奧利的話語中帶著溫柔。雖然表現得很嚴格，但我感覺到他的出發點是因為愛。

「不用這麼凝重，只要放鬆心情去做就好。如果嚴肅以對，感覺壓力大的話，反而提不起勁。」

帕西奧利用清晰的聲音說道。

「放鬆心情去做，我知道了。」
「輕鬆愉悅地做是最要緊的。因為金錢是前進的能量，如果能量太過沉重，就無法向前。放鬆心情，身邊也會吸引越來越多的錢。」

如果太過緊繃，事情就不會進展順利，這一點我可以理解。

「好了，今天就到這裡吧！明天也別忘了要準備提拉米蘇和 Expresso 哦！」
「咦？明天也一樣嗎？」
「當然呀。啊，剛剛吃了提拉米蘇，得刷個牙才行。

你有備用的牙刷嗎？」

　「有，在洗臉台下方的櫃子裡。」

　「多謝！」

　有必要那樣輕鬆嗎？我把從帕西奧利那裡學到的東西，歸納整理在便條紙上，刷完牙的他則快速地鑽進被窩裡，開始打呼起來。

　　會計主要是以金錢的觀點，記錄股份有限公司（也可以是股份有限公司以外的對象）的營業活動。

　　這種股份有限公司的架構，可以說是人類最偉大的發明之一。因為它透過所有權轉讓、無須承擔償還義務、有收益時還能參與分配的種種機制，從世界各地收集資源，也就是廣大的資金，讓大規模的商業活動得以進行。

　　另外，企業可以調度他人資本，也就是透過借貸的方式得到資金。藉由這種借貸行為來靈活運用槓桿操作，就可以投入比自有資金更多的錢，進行更多的營業作為。

　　在企業財務中，增加負債可以提高 ROE，但也會升高倒閉風險、增加資金調度成本，甚至還會關聯到本書中省略的負債節稅效果，這些影響都要考量在內，才能決定何者乃是最適資本結構。

　　這些思維也要擴及到生活中，不單只是自己的力量，還要借助他人力量，靈活運用槓桿原理，透過「人力資

本的資產負債表」的製作，可以讓這個想法更具體、更明確。

這種把「活用自有資本和他人資本以創造價值」的會計思維，應用在人生中的想法，是我自己想出來的，不過我本身和我的客戶們，在工作和人生中身體力行後，都得到了莫大的成果。

把借助他人力量的想法，用看得到的形式具體、明確地呈現出來，時時意識到它，這個念頭自然會日益擴大，就能達成一個人辦不到的事。

再者，自己要成長，才能借助他人的力量，做不到的事就承認做不到，要謙虛誠懇地尋求協助，這樣自身的能力才能日益提升。

一定要活用槓桿操作，在借力使力的同時，也讓自己的工作和人生，產出新的價值吧！

第三章隨堂筆記

1. 被動收入
- 和有沒有付出「勞動」相比，我能讓誰獲得幸福才是重點。

2. 不動產投資
- 存頭期款的同時，也要活用槓桿的力量，靠自己學習、蒐集情報！

3. 人生的槓桿操作
- 必須借助他人的力量。
- 讓自己成長。
- 無法求助他人是因為不相信人。
- 要珍惜周遭的人。
- 思考可以產出怎樣的價值？
- 不要繃緊神經，放鬆心情吧！

讓資金流動，
加快周轉速度

「庫存」一定要準備充足？

　　早晨一覺醒來，帕西奧利的身影又不見了。

　　這是夢或是現實我已經不在乎了。我從他那裡學到的知識，真的太有價值了，不親身一試實屬可惜。

　　昨天學到不僅僅是活用負債的財務槓桿操作，還有借助他人的槓桿力量，我覺得這種思維，真的太重要了。除了靠自己的知識和經驗，還能借他人之力，創造出更大的價值。

　　在上班搭電車的途中，我打開昨天在便條紙上，記下的「人力資本的資產負債表」來看。他人資本的部分寫了小林小姐、同事岡田和工藤、我的下屬石川、大學時期的朋友前田和涉谷，還有父母的名字。要怎麼做才可以借助他們的力量呢？

　　既然是下屬，就可以運用上司的權限命令他，不過這樣做好像不太好。更何況要借助朋友、同事和上司的力量，真的可行嗎？

　　腦子裡還在想著這些，就不知不覺地抵達了辦公室。再怎麼想也想不出結果來，我決定先處理眼前的工作。今

天的業務是最終提案，要更加集中注意力才行。

「謝謝你！我想這周內伺服器就可以交貨了。」
「那是因為松井先生最近提出的方案都很精準啊！有勞了！」

　　和青山物產已經來往三年了，這次是他們第一次決定要導入營運資源系統。充分掌握客戶的數字後再提案果然有效。
　　我回到公司立刻打電話去物流部門下單。

「什麼？庫存不夠？」
「是的，要兩周後才能進貨，請耐心等待。」

　　我懷疑自己聽錯。之前進貨都不用花那麼久的時間，為什麼偏偏這個時候沒有庫存？

「這樣不行，我已經告知客戶這周內貨會送到了。」
「我們儘量試試看來不來得及，不過為防萬一，還是請你先跟客戶告知，會晚一些送達。」

我掛掉電話嘆了口氣。

「搞什麼嘛，真沒用耶！庫存要準備充足呀！」

傷腦筋，該怎麼辦才好呢？如果請小林小姐去跟物流部門談，不知道可不可以早一點進貨？我抱著一絲期望，走向她的位子。

「松井，怎麼啦？」
「我和客戶約好了，這個禮拜要交伺服器給他們，可是卻庫存不足。為什麼庫存要抓得這麼緊啊？不是應該要備足才對呀。」
「是這樣呀，那，你認為為什麼呢？」

我被這麼一反問，一時間答不出話來。

「難得你在學習會計力，先自己想看看。」
「是。呃……庫存多的話，如果沒有賣出去就麻煩了，是嗎？」

「當然這也是原因之一，因為一旦變成不良庫存[65]，就要有損失的覺悟，屆時非得把它們處理掉不可。可是即使是滯銷風險低的商品，也不應該持有過多庫存。你知道為什麼嗎？」

不應該持有過多庫存的理由？庫存增加，資產就會增加，這樣一來，效率就會變差了吧？

「因為資產增加，所以運用效率就會變差嗎？」

「沒錯。庫存增加，ROA[66] 就會惡化，因為 ROA 是收益對總資產的比率。不過這是腦袋裡記得的教科書答案，更實際地想像一下庫存兩個字的意義就知道了。」

「想像庫存的意義？」

「不只是庫存，你試著更生動地發揮想像力，感受一下公司資金的流動。一旦做到這一點，你應該就不會說出『庫存要準備充足』這樣的話了。而且……」

「而且？」

「『真沒用』這種話最好是不要再說了。」

說完了話，小林就轉身離開參加課長會議去了。

65　在工廠、倉庫或小商店等處，長時間留在庫存內銷不出去的東西。

66　ROA（Return on Asset），即資產報酬率。為收益對總資產的比率，是資產能否有效運用的指標。

ROA（資產報酬率）是什麼？

損益表 P/L　　　　　　資產負債表 B/S

收益 10

總資產 200	

$$ROA = \frac{10}{200} = 5\%$$

損益表 P/L　　　　　　資產負債表 B/S

收益 10

總資產 200 庫存＋ 50	

$$ROA = \frac{10}{250} = 4\%$$

 ROA 是收益對總資產的比率。
一旦庫存（總資產）增加，ROA 就會變差

　　我看著「人力資本的資產負債表」嘆氣。這個人力資本中，也包含像物流部門等等的公司其他單位人員吧？我給了他們「真沒用」的評價，他們應該也不會幫我了。

　　我反省自己。在這種時候，如果是小林小姐的話，她可能就會協同其他部門的人一起合作，把問題順利解決吧？

　　還有，小林還說了另一個讓我印象深刻的觀念。生動地想像資金的流動，這是什麼意思呢？

　　沒時間想這些了，我得告訴青山物產還要等兩周才能交貨。我心情沉重地拿起話筒。

想像金錢的變身之旅

　　下班後我在涉谷的購物商場，買了和昨天一樣的提拉米蘇，又在住家附近的咖啡店買杯 Expresso 後才回家。

　　「哇噢！提拉米蘇配 Expresso ！這是最棒的組合了。」

　　帕西奧利滿臉笑容地出來迎接我。我才剛把紙袋放在茶几上面打開盒子，等回過神來的時候，他已經開始吃了。

「哎呀，人活著就是為了吃這一口呀！這提拉米蘇的香甜和 Expresso 的苦澀相結合，真是太美妙啦！」

帕西奧利好像真的充滿幸福感似地啜飲著 Expresso。

「啊！太美味啦。這就是人生的醍醐味呀！多謝！」
「看你吃得這麼開心，我也很高興。」

能讓帕西奧利開心，我是真的很高興。

「那今天就來說說資金的流動吧！因為腦中有資金流動的影像是很重要的。」
「資金流動的影像？是，我想了解。」

這正是小林小姐今天告訴我的東西。是巧合嗎？我常常有這樣的疑惑──帕西奧利是不是和小林小姐有聯絡呀？

「調度來的資金是要付出成本的，所以有責任要讓資金增加的幅度大於資本成本。到這裡為止沒問題吧？」
「是。這些我都理解了。」

「這些調度來的資金，在企業的活動中，會變換成各種不同的樣貌。可以生動地想像這些資金變身的歷程是很重要的。」

「資金變身的歷程？」

「沒錯。資金會變成建築物、變成辦公用品、變成原料，還有變成原料加工後的產品。」

我想像著資金如上述變化的樣子。

「在企業中進行的商業活動，基本上全都是要花成本的。換言之，企業調度來的資金，會投入在各種不同的地方，變換樣貌，加以活用，進而產出價值。」

建築物、辦公用品、原料或是產品，全都是資金變成的。說起來的確是如此，我之前不曾用這樣的觀點來看。

「資金變成建築物之後，透過折舊[67]的程序，被計入折舊費用，變成是損益表的費用。另外，資金變成商品的樣貌後，被賣掉的部分，會被計入銷貨成本[68]，變成損益表的費用。這樣一來，資金就會隨著樣貌的轉變產生價值，產出資金。」

---

67 將長期使用的固定資產，在取得時所需負擔的支出，分攤在該固定資產可以使用的期間內，認列為費用。

資金變身（一）

資產負債表 B/S

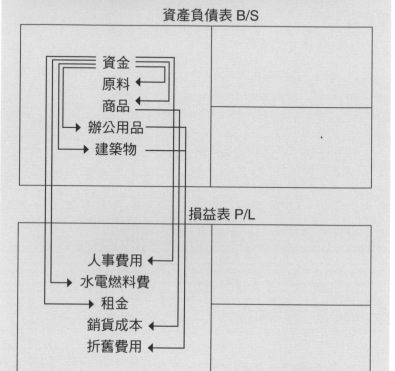

資金
原料
商品
辦公用品
建築物

損益表 P/L

人事費用
水電燃料費
租金
銷貨成本
折舊費用

資金會變換樣貌，加以活用，進而產出價值

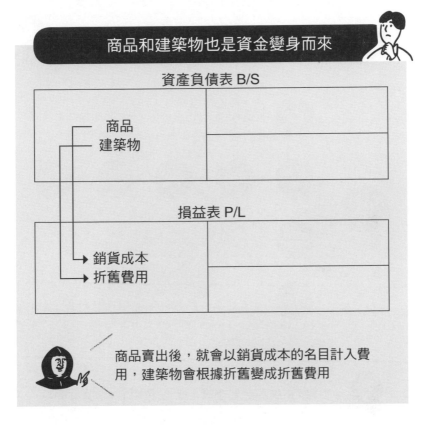

商品和建築物也是資金變身而來

資產負債表 B/S

商品
建築物

損益表 P/L

銷貨成本
折舊費用

商品賣出後，就會以銷貨成本的名目計入費用，建築物會根據折舊變成折舊費用

帕西奧利一邊畫圖一邊說明。

「像這樣，資產中有因為樣貌改變而變成費用的，也有像薪水、水電費或是租金，馬上就變成費用的。到了最

---

68 出售商品所需花費的進貨費用和製造費用。

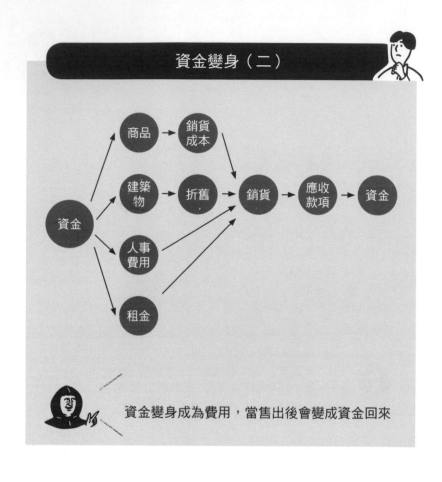

資金變身（二）

資金變身成為費用，當售出後會變成資金回來

後，當商品或服務出售之後，資金都會變成錢回來。真是一場壯麗的旅程啊！」

「用這樣的方式來看金錢的流動，很有臨場感。」

「是吧？腦中有這種資金流動的影像是很重要的。」

這樣一想，看會計數字時的感覺，就完全不同。帕西奧利所說的會計的奧祕，我有些理解了。

錢還是越早變回來越好

「今天上班時，我曾說『庫存應該要準備充足』，當時上司小林小姐也告訴我，腦中要有資金流動的影像。」

「你覺得她說這話是什麼意思呢？」

「我不是很了解。她說庫存不應該保留太多。」

「資金可以變成庫存的狀態。因此，如果庫存很多，就等於是讓錢一直停留在庫存的階段不動。」

「一直停留在庫存的階段……」

我想像著錢變成庫存，一直停在那裡不動的樣子。

「錢吶，雖然可以變成各種不同的樣貌，但最好還是能儘量不要停留，早點變回錢的樣子回來。」

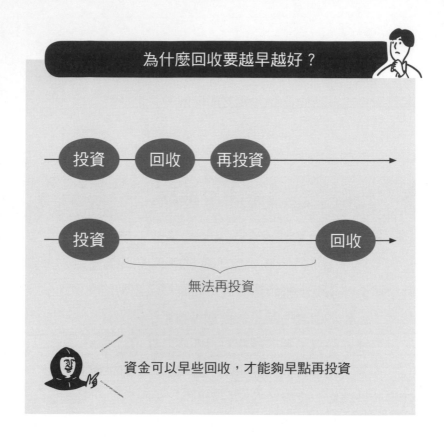

為什麼回收要越早越好？

投資　回收　再投資

投資　　　　　　　回收

無法再投資

資金可以早些回收，才能夠早點再投資

　　「假設你投資了 100 萬日圓，你是想要明天就變成 110 萬日圓回到口袋裡，還是一年以後？」帕西奧利用簡單的問題，試圖點醒我。

　　「當然是明天就回來最好。」

我立刻答道。一定是越早越好呀！

「是嘛！錢還是儘早回收的好。同樣都是 110 萬日圓，明天就入帳和一年以後才入帳相比，前者的價值會更高。假如可以早點回收，這些錢就能再用來投資，讓其活絡起來，以便增加更多的錢。反之，只要沒有變成錢回來，它們就是固定不動的，類似死掉的狀態。」

「原來是這樣，為了把錢再投入下一個投資標的，也應該讓錢早點回來才是。」

「沒錯。『存貨周轉率』[69] 是表示商品從進貨到賣出的速度指標，它是銷貨除以商品存貨得到的數值。這個周轉的速度越快，商品出售、資金回收的速度就越快，單靠這一點就可以讓錢變多。」

說到這兒，我想到在決算報告分析的課裡，有學到周轉率。為什麼會稱為周轉率，我當時不太了解，原來是這麼回事呀！

「這個周轉率越大越好。和同行的其他公司相比，周轉率大的公司單憑這點，就可以判定它的資產得到有效的運用。周轉率這個名詞，用周轉的次數來想會比較容易理解。」

69　在一定期間內，商品可以賣出多少的指標，通常是用銷貨（或是銷貨成本）除以平均庫存的公式求得。也稱為「庫存周轉率」。

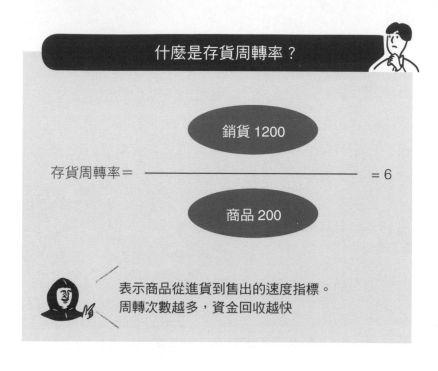

什麼是存貨周轉率？

$$存貨周轉率 = \frac{銷貨\ 1200}{商品\ 200} = 6$$

表示商品從進貨到售出的速度指標。
周轉次數越多，資金回收越快

「周轉次數越多，錢回收得越快呢！」

「沒錯。周轉率反過來就是庫存除以銷貨，得出的就是周轉期間。周轉期間是用一次周轉需要花幾天，也就是天數或月數來表示，所以很容易理解。」

「的確，用天數來看就非常容易想像了。」

「周轉率大而且周轉天數短，資金從變成庫存，到庫

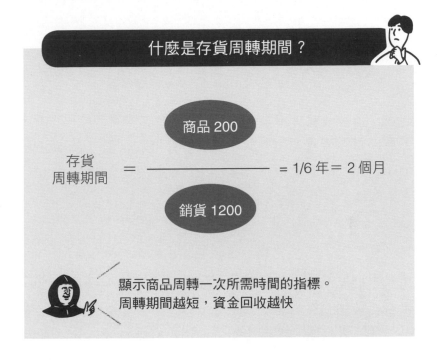

什麼是存貨周轉期間？

$$存貨周轉期間 = \frac{商品\ 200}{銷貨\ 1200} = 1/6\ 年 = 2\ 個月$$

顯示商品周轉一次所需時間的指標。
周轉期間越短，資金回收越快

存賣掉變成錢回來的時間就快。一旦庫存多了，資金就不容易變成錢來回收，有時候甚至還有可能會形成不良庫存，所以庫存盡可能越少越好。」

「只不過一旦庫存太少，也會遇到客戶要貨沒有貨，生意跑掉，錯失機會的情況。所以庫存管理必須要預測商品是否熱銷，實在不是件簡單容易的事。」

為什麼賺錢的企業也會倒閉？

「應收款項[70] 也是一樣的道理，應該要儘快變現才好。因為停留在應收款項的狀態太久，會增加呆帳[71] 的風險。換句話說，銷貨除以應收款項求得的應收款項周轉率也一樣，周轉次數也是越大越好。」

我想起了一家欠款一直收不回來的客戶。聽說他們公司業績衰退，為了要達到設定的營業目標拚命地推銷，結果貨款收不回來。

就算營業額增加了，如果最後沒有辦法變成錢回來也毫無意義。而且這些帳款回收的時間越長，它們變成呆帳的風險也越大。

「一旦應收款項周轉率變差，就會增加企業黑字倒閉[72] 的風險。你知道什麼是黑字倒閉嗎？」

黑字倒閉？是指沒有虧損卻倒閉嗎？

「損益表明明是有盈餘的黑字，但資金周轉卻呈現惡

---

70 商品以信用販售的方式賣給老顧客，進而產生的未收貨款，是企業獲取款項的權利。應收款項分為兩種，有開立票據的稱為「應收票據」，沒有的則稱為「應收帳款」。

71 應收款項或是借款等等的債權，因為破產等原因無法回收而造成的損失。

72 營業額增加但手頭卻沒有現金，導致債務無法償還而倒閉的情況。

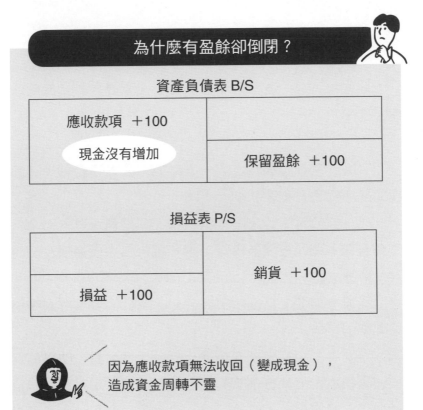

為什麼有盈餘卻倒閉？

資產負債表 B/S

應收款項　＋100	
現金沒有增加	保留盈餘　＋100

損益表 P/S

	銷貨　＋100
損益　＋100	

因為應收款項無法收回（變成現金），
造成資金周轉不靈

化，以致無力償還債務而導致倒閉的情況，屢有所聞，根
據統計數字來看，撐不下去的企業中，有四成左右都是黑
字有盈餘者。」

「有盈餘卻倒閉的公司這麼多呀？」

我吃驚不已。竟然近半數的企業，都是在有盈餘的狀態下倒閉的。

「為什麼會這樣呢？我一直以為，公司是持續處在虧損的紅字狀況才倒閉的。」

「一家公司不管怎麼持續虧損，只要現金收得回來就不會倒閉。倒閉是因為資金周轉不靈，無力償還債務的時候才會發生的。」

「原來如此。可是明明有盈餘，為什麼資金會周轉不靈呢？」

「其中一個原因，就是應收款項周期太長。如果銷貨增加，損益表上就會是正的，也就是黑字。可是即使銷貨增加了，假如現金不能收回來，手上的現金短缺，還不出債款，最後就是倒閉收場。」

應收款項的回收周期太長，竟然會導致公司倒閉？之前我以為只要業績達標就可以了，看來能否回收這一點，也必須要好好考量才是。

收錢要快，付錢要慢

「不論是庫存還是應收款項，都要盡可能快點變回現金才好。反之，付錢就要儘量慢。如果收錢快、付錢慢，那資金流就會更為寬裕。」

「收錢要快，付錢要慢，原來如此，這樣資金就會變得充裕了！」

「如果資金充裕，便可以用這些錢投資。換句話說，**收錢快、付錢慢的做法，可以達到和調度新資金一樣的效果。**」

「和調度新的資金一樣，這是怎麼一回事呢？」

「你想想，如果錢回收得慢，手頭就沒現金，相較之下，如果回收得快，手上就有錢了，所以，這不是和調度新的資金一樣嗎？把這些錢用來投資，讓錢活絡起來，就可以生錢子錢孫了。」

只要回收得快，就可以達到和調度新資金同樣的效果。所謂的提高周轉率，指的就是這個吧？

「日本企業在這一塊很寬鬆，但外資企業[73]在此處卻

---

[73] 亞馬遜或是蘋果公司，就是利用這個方法創造豐沛的現金流，但反過來說，這個做法也可以說是強迫客戶來負擔。

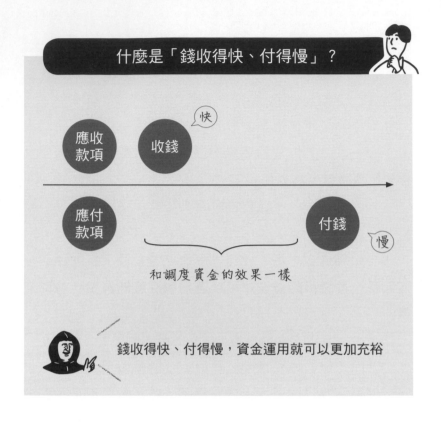

什麼是「錢收得快、付得慢」？

快
應收款項　收錢

應付款項　　　　　　　　付錢
慢

和調度資金的效果一樣

錢收得快、付得慢，資金運用就可以更加充裕

要求得很嚴格。所以它們的資金才會如此充沛，也就能進行大規模的投資。像亞馬遜或是蘋果等大企業，在付款的幾周前，就已經把貨款都收回來了。這真的很厲害，可以說它們就是靠著這一點，才能夠大膽地投資。」

　　說起來，以前和外商公司做生意的時候，他們也曾經過分地要求超長的付款期間。這也是外資企業這麼強大的原因嗎？

　　「不過，在現實生活中，如果該付的錢拖延太久，會失去信用，所以這時還是趁早付掉的好。只是你要記住，晚點付錢和調度資金的意思是一樣的。」

　　「是，我知道了。」

　　「另外，在思考周轉率和周轉期間時，也會在會計數值中，納入時間軸來考量。這個時間軸是很重要的觀點，因為在商業活動裡，時間是最大的資源之一。」

　　時間是最大的資源？

　　「就算經營決策相同，如果時間點不對，結果就會天差地遠。而且，經營決策的執行少不了資金。所以盡快把資金收回來，也可以讓企業不會錯失時機。」

　　「經營決策如果不夠即時，是會致命的。」

　　「經營決策一定要有資金做後盾。經營戰略和財務戰略互為表裡，實為一體。做業務的你，讓應收款項和庫存

的周轉率提高，也會對公司的經營決策造成影響喔。」

原來如此，我一直以為，只要達到設定的業績目標就好了，現在才了解，自己的目光有多麼地狹隘。

▶ 人生也要有時間軸的意識！

「人生也一樣要有這個時間軸的思維。比方說，昨天不是有講到自我投資嗎？一個是花 10 萬日圓去學些什麼，把所學加以活用，立刻付諸行動增加收入；一個是抱著不知何時會派上用場的心態，去學些什麼備而不用，三年後才終於讓收入增加，這兩個哪個比較好？」

「當然是第一個比較好。」

「沒錯！雖然我們說了許多活用金錢的重要性，但其中的重點，是要把時程考慮進去。不可以抱著將來某天可以看到成果，或錢會增加就好的想法，要想著周轉率，快速地創造出價值，讓錢生錢。成功的人掌握時間的方法都不一樣，要有時間對人生來說，是最重要資產的自覺。」

我常覺得時間是用不完的。不過，像是小林小姐或是那些有成就的人，他們對時間的感覺，或許會跟我不同吧？

「因為時間是錢買不到的。可是多數的人，都用時間來買金錢，也就是說，多數的人都把自己的時間切割、零售。我們要避免陷入這樣的泥沼，必須要時時留意，如何才能**提高自己時間的產能，讓自己的時間產生最多的價值，創造出收益**才行。」

「時間收益價值，我之前沒有深刻思考過。」

「從現在開始，為時未晚。只要從今天起，把時間軸放在心上即可，因為人生是有限的啊。」

人生是有限的。曾幾何時我都忘了，事實的確是如此。

「錢停留在某一狀態不動，就等於是這些錢沒有被活用，必須要讓錢被有效率地運作才行。因為錢如果能靈活使用，效果是很驚人的。」

「金錢若能活用，就可以帶給人幸福，並解決世間的問題，還能讓它變得更多。不論是工作也好、人生也好，想像金錢流動的樣子，讓其活絡起來換成價值，則金錢和幸福都會跟著增加。另外，周轉的速度要盡可能地加快，讓

金錢和時間得到更有效率的應用。如果在工作和人生中，都能意識到這一點，自己和周遭的人，就會變得越來越幸福。」

「這也是會計力對嗎？」

「真正活用會計思維的人，在自己人生中會有時間軸的意識，時時專注用最快的速度產出成果，再用這些成果來換取金錢。」

也許真的是如此。但是像這樣時時注意速度的話，應該會喘不過氣來吧？我不想活得這麼累。

「有時間軸的意識真的很重要，但如果無時無刻都要這麼汲汲營營，不是很累嗎？」

「你誤解了，**倒不如說正因為有時間軸的意識，留意產出成果的速度，平常才能從容和放鬆。沒有時間軸意識**的人，不論何時，都會像無頭蒼蠅一樣忙碌。」

的確，小林小姐也是這樣，她做事有效率，卻沒有疲於奔命的感覺，甚至可說總是一付從容自若的模樣。我也想變成這樣的人。

把想要產出的價值標注日期

「昨天做好的『人力資本的資產負債表』上，左邊的『想要產出怎樣的價值』一欄，你想好了嗎？」

「不好意思，我一直在忙工作的事，空不出時間來。」

「這就是你欠缺時間軸的意識。**重要但不緊急的事必須要放在心上，優先處理才行。**」

沒錯。難得帕西奧利教了我這些，我也決心要付諸行動了……我真是替自己感到丟臉。

「不用這樣哭喪著臉啦。因為自責是沒有用的，放輕鬆點吧！」

「好……好的。也是啦！」

帕西奧利為什麼可以這麼輕鬆啊？是因為他心裡有時間表嗎？

「既然如此，那你現在思考看看，想要產出怎樣的價

值，不用很完美，就邊想邊寫下來吧！」

「我知道了。」

　　話雖如此，但我完全沒有想法。我想要產出怎樣的價值呢？我到底想用這一生做什麼呢？

　　「先從昨天寫在右下方的，你自己的經驗和知識來開始想看看吧！」看到我的手一直沒有動作，帕西奧利開口說道。

　　「是。我的經驗和知識，是大學時期學的會計，還有現在向帕西奧利先生學到的會計力。在公司我負責販售營運資源系統，已經有四年的時間。」

　　「沒錯。這是了不起的經驗呢！那工作中，你在做什麼事情的時候，是最讓你感到快樂的？」

　　工作中感到最快樂的事？

　　「這個嘛……從客戶那裡接到訂單的時候，還有客戶喜歡我的提案的時候，客戶感謝我的時候。雖然……」

　　「雖然什麼？」

「雖然有時我也會懷疑，我們的系統是不是真的那麼好用。」

　　儘管是我自己在銷售的產品，但實際操作使用後，我發現它即使有方便的地方，但並不能算是毫無缺點的作業系統。自己捫心自問，把並非完美無缺的系統推銷給客戶，這讓我老是覺得過意不去。

排除萬難，想想「自己真正想做的事」

「原來如此，你其實是想要對客戶更有幫助呀！」
「是的。這在目前的公司應該很困難吧？」
「想想看！難道沒有什麼是待在目前公司，也可以辦得到的事嗎？」

　　待在目前的公司也可以辦得到的事？

「**排除限制，想一想自己真正想要做的事，不論是在公司裡或是公司外都一樣。**它和你現在能不能做到沒有關係，因為只要借助他人資本，或他人力量就可以了。如果可以借助他人力量，就幾乎沒有什麼做不到的事。」

「雖然大家常說人有『無限的可能』，但這並不表示什麼都做得到。每個人都有辦得到和辦不到的事。這句話指的是，只要借助他人的力量，就有無限的可能。如何？如果你借助別人的力量什麼都辦得到的話，你想要做什麼？」帕西奧利輕鬆的說。

我腦海中浮現昨天寫的，名字列在他人資本項下的那些人。

「我⋯⋯我想要活用你教我的會計力，提出可以讓客戶變得更幸福的方案，我想讓他人過得更精彩。」

「很棒呀，那把這些寫在資產負債表的左邊吧。接下來寫出要從哪裡開始著手，還要標示日期。這就是時間軸的意識。」

「可是要從哪裡開始著手，我現在還沒有什麼想法。」

「先從細微處即可。比如說，像是不懂的事自己去找

答案，或是請教別人、上網查詢資料之類的都可以。重點是要在上面標示日期，有時間軸的意識。」

「的確，如果是這些，我應該就想得出來。」

我在資產的項目中一一寫下：詢問小林小姐是以什麼樣的想法在從事業務的工作，把自己的想法告訴岡田和工藤，還有教導屬下石川會計力，並個別標上日期。

「接下來就是把寫下的事付諸行動了。在實踐的過程中，也許還會發現一些要做的事，如果有的話，就一併寫在資產負債表中，並加註日期。」

「我知道了。」

我感覺自己正要借助許多人的力量，來打造美好的未來，心中慢慢地洶湧澎湃起來。這種感覺還是第一次。

「**重點是要感恩**。不僅僅是對名字列在他人資本項下的那些人，還有對自己藉由眾人辛苦付出，才得以生存的這件事要心存感激。」

「沒錯，我真心感謝……」

松井的「人力資本的資產負債表」

＜資產＞ ☑ 活用會計力，提出可以讓客戶變得更幸福的方案 ☑ 讓他人過得更精彩 ☑ 詢問小林小姐是以什麼樣的想法在從事業務的工作（10/15） ☑ 把自己的想法告訴岡田和工藤（10/17） ☑ 教石川會計力（10/18）	**＜他人資本＞** 小林小姐、岡田、工藤、石川、前田、涉谷、父母
	＜自有資本＞ 會計知識、業務經驗、會計力

 人生的計畫也要標示日期，有時間軸的意識

我想起自己今天說物流部門沒用的這件事。

「怎麼啦？」
「其實我今天因為庫存不足的事很生氣，說了其他部門真是沒用的話。這件事有被小林小姐碎念了一下。」
「是應該被責備啊！**在應用槓桿原理、借助他人力量的時候，如果把人當做工具或手段，是絕對不會成功的。**」

我之前一直都把其他部門，看做是完成任務的工具或手段。

「如果沒有物流部門，你的工作也辦不成吧？你不能忘了感謝他們。如果心存感激，就不會有他們沒用的想法了。」
「好，我記住了。」
我深刻地反省後說道。

「你又是這副嚴肅的臉，放輕鬆一點啦！你還年輕，現在學習、成長為時未晚。」
「可是一想到時間軸，我就不禁焦急起來。」

「我這樣說，你可能覺得有些矛盾，**但人生並不是加快速度就好。可以保持悠閒、從容的態度，也是很重要的。**不是有一句俗話說『靜靜等待，福報自來』嗎？」

難道在義大利也有這句俗話？

「重要的是『盡人事，聽天命』。時候到時專注於時程，時候未到時就耐心地等待。尤其人的成長是需要時間的。**不論是自己的成長，或是他人的成長，都要耐心地給予信任，在一旁守護，**這是重點。」

帕西奧利語重心長地說。

「明天別忘了提拉米蘇和 Expresso 哦！」
「啊？明天也要？」
「當然呀！那麼好吃的提拉米蘇，我每天吃都吃不膩。好了，今天就到此為止吧！」

話剛說完，帕西奧利就走去洗臉台刷牙，然後迅速地鑽進被窩裡開始打呼。他怎麼這麼好睡呀？

　　我把帕西奧利教的東西記在便條紙上，在沙發上蓋著毛毯入睡。

　　商業的活動，若從金錢的觀點來看，可以說是資金變身的歷程。

　　調度來的資金，會變身成為建築物、辦公用品等等的固定資產，透過折舊程序列為費用，也會直接變成人事開銷或是水電費、租金等等的費用，甚至成為商品。賣掉的商品，再變身成為銷貨成本的費用項，變成應收款項，之後再換成現金收回來。

　　腦中擁有資金流動的影像，並知道要加快資金的周轉速度，就可以讓資金的運用更有效率。

　　在工作中意識到收錢要快、付錢要慢，就可以改善現金流。

　　改善現金流和調度新資金的效果相同。這是日本企業的弱項，不過像亞馬遜或是蘋果等等的外資企業，在這一方面就執行得很徹底。正因為如此，他們才能夠積極地投資。

　　當然，在現實生活中，如果付款拖得太久，會失去信用，所以這裡的重點，是要有投資的資金，必須快點

回收的觀念和意識。

在前面有說明過，調度來的資金需要支付成本，我們有責任讓資金增加的幅度大於資本成本，有了這種會計力的思維，再加上時間軸的概念，就可以更有效率地活用資金，人生也會變得更充實。

再者，建議大家可以在前一章提到的，「人力資本的資產負債表」的資產部分，列出自己想做什麼，想創造出怎樣的價值，以及為了達成這些要做的事，在項目上標記日期。

誠如帕西奧利所言，重要但不急迫的事，往往容易拖到後面才做。在上面標記日期，就可以更有時間軸的意識。

另外，對於人的成長要耐心地守護，這也是很重要的事。還有，如果忘了心存感激，就無法借助到他人的力量。感謝、靜待成長也是會計力之一。

第四章隨堂筆記

1. 想像資金的流動（旅程）

- 資金會變化為資產或費用的狀態，商品售出後再變成資金回來。
- 加快周轉的速度。
- 錢收得快、付得慢
  →與調度新資金的效果相同。

2. 人生也要有時間軸的意識

- 在想要產出的價值上標記日期。
- 從細微處開始著手。
- 如果可以借助他人的力量，就有無限的可能！
- 心存感激！
- 有耐心、有信心地守護。

Chaper 05

第五章

掌握損益架構，
創造價值

打折降價不是每個商品都通用

自從遇見帕西奧利那天算起，已經過了兩個禮拜，我的人生開始出現微妙的變化。

我不再把錢用在無謂的浪費上，現在花的每一分錢，都是自己真正喜歡的事物，幸福感增加了，而且因為有時間軸的意識，我對資金的運用，變得更靈活更有效率。雖然一個月只有 1 萬日圓，但也開始每月提撥勞退基金，以及定期定額投資了。

我這個月決定要償還比平常更多的循環信用欠款。先把這筆錢還清了吧！ 15％的利息實在太高了。

而且，為了讓錢增加，我還認真做功課，打算投資不動產或是相關產業的股票，使錢可以活過來。希望這樣能讓錢生錢。

另外，我也照著標記的日期，一點一滴實踐自己想做的事。

為了詢問小林小姐，她是以什麼樣的想法，在從事業

務的工作，我邀她一起吃午餐，好好地談了一個小時。我們已經一起工作四年，但像這樣仔細聆聽她的想法還是第一次。原來聆聽他人的想法，是這麼快樂的事。

還有同事岡田和工藤，我也在與他們喝酒的過程中，試著說說自己的想法。雖然一開始被認為是在開玩笑，但看我說得如此認真，他們也嚴肅以對。

再來就是我的屬下石川，我也試著與他分享，從帕西奧利那裡學到的，有關會計力的知識。石川還是一樣的虛心受教，教導一個人，看著他成長，這種成就感真是無以倫比。也許我喜歡做的事，是教導他人也不一定。

最令人訝異的是，原本被告知要兩個禮拜後才能進貨的伺服器，竟然五天內就到了，剛好趕上我承諾的交貨日期。我也只不過是對物流部門的同事，懷抱著感激的心而已，竟然有這樣的回報，難不成這是小林小姐私下運作的結果？

和以前相比，我工作起來變得更順利更有樂趣了。正如帕西奧利說的，在這家公司，我還有很多可以做的事。上個月的業績不是很好，這個月我一定要拚出一張亮眼的成績單。

我正在處理業務相關的準備工作，這時小林小姐開口說道。

　　「松井，你最近很努力哦！」
　　「是！因為有意識到小林小姐說的會計力，所以工作和人生，都變得快樂起來了。」
　　「這樣很好啊！看樣子你這個月會一舉拿下冠軍唷！」
　　「我會加油的！」

　　這個月還剩五天。通常每個月的 MVP 都是宮田拿下，我到目前為止的業績，已經逼近他的數字，這還是前所未有的事。第一次的 MVP 頭銜不再是遙不可及的夢。也因為如此，今天的業務更顯得重要。我帶著愉悅的心情，朝著老顧客豐山商事出發。

　　「松井先生，我們公司正在評估，可以擴充顧客檢索功能的 Sophia，是否符合本公司的需求。」

　　他們要選 Sophia 嗎？Sophia 最近才推出，是新的營運支援系統，它是我們從其他公司買來的軟體，加以修改後

的客製化 [74] 商品。

　老實說，這有些出乎我的意料之外。我本來以為他們會選擇，由我們公司自己研發、賣得最好的 Mercury。不過仔細想想，Sophia 獨特的顧客檢索功能，似乎更符合豐山商事的業務模式。

　「我也認為這個 Sophia，更符合貴公司的需求。」

　我把簡報的資料攤在桌上，針對 Sophia 的獨特功能詳加說明。

　「松井先生，我們很有誠意，想購買貴公司的產品。只不過用這個價格，要得到上級的批准恐怕很難。」

　果然還是提出來了，最近在銷售產品時，我曾推算豐山商事的利益率，了解他們想要導入新系統改善收益的想法，我交叉比對他們的財務數字才提出方案，藉以加深他們對我的信賴。如果現在一鼓作氣地拋出降價的優惠，這筆生意一定可以成功。

　「具體來說，要降價多少才可能批准呢？」

74　配合顧客的用途和喜好，變更產品的外觀、功能、架構等等的規格。

「如果有可能再降個 25％，我就和上級爭取看看。」

「25％啊……」

　　我抱着胳臂思考著。前些日子，和別家公司談 Mercury 的時候，是降價 30％才簽的約。雖然這次談的是 Sophia，但現在只降價 25％，應該沒問題才對。即使眼下成交的金額減少了，但如果可以藉此把豐山商事攻下來，就長期來看，應該是划算的。

「我知道了。我這邊也試著說服上級看看。」

「真的嗎？太感謝了，再麻煩你了。」

「交給我吧！我一定達成貴公司的要求。」

　　這樣就 OK 了。如果此案能簽下來，這個月的 MVP 一定沒問題。我抱著一定能成的預感回到公司。

「小林小姐，豐山商事的合約應該是談成了。」

「真的嗎？」

「是的。只不過前提是 Sophia 要有降價 25％的可能。我覺得就算要降價 25％，我們也應該要拿下這筆訂單，你

認為呢？」

　　我話剛說完，小林小姐的臉就沉了下來。

　　「你提出了 Sophia 降價 25％的方案？」
　　「是的。因為前些時候 Mercury 是降價 30％，所以這一次應該也沒問題吧？」
　　「不，不行啦！」

　　我懷疑自己是不是聽錯，這筆交易不是眼看就要手到擒來了嗎？

　　「為什麼？為什麼 Mercury 可以降價，Sophia 就不行？這兩個產品利潤沒有差多少呀！」
　　「利益率相同，可是邊際收益率[75]不同呀！前些日子在 Sophia 的上市訓練講習中，不是也有說過，基本上這產品是不能降價的啊？你沒聽到嗎？」

　　Sophia 的上市訓練講習……我回想起參加那個講習課程的當時，因為前一天喝到很晚，隔天早上上課上到一半

75　邊際收益對銷貨收入的比例。顯示當銷貨增加時，邊際收益會隨之增加多少的比率。

就打起瞌睡，竟然漏聽了這麼重要的訊息。

「不好意思，我應該是漏聽了。」
「喂，松井，你是睡著了吧？認真一點啦！如果 Sophia 也降價 25％，那邊際效益會變差成為負值，這樣賣得越多會賠得越多。」
「賣得越多賠得越多？這是怎麼回事？」

我整個被搞亂了。這是和豐山商事建立信賴關係的難得機會，如果現在不能降價，我該怎麼跟他們開口才好？

「我已經和豐山商事說有打折的可能了，現在要怎麼回覆他們才不失禮？」

看我臉色發白，小林小姐溫柔地拍拍我的肩膀。

「現在馬上去一趟豐山商事吧！告訴他們無法降價 25％。別擔心，我來道歉。」
「啊，真的嗎？」
「道歉這種事還是越快越好，後面再說明為什麼無法

降價 25％的原因。你還在慢吞吞地摸什麼？現在就準備出發。」

小林小姐一邊說，一邊馬上拎著包包向外走去。

小林課長真是太帥了。雖然她也有直率又嚴厲的一面，但卻值得信賴。我也要像她一樣，成為能夠幫屬下彌補錯誤的上司。

降價前要先了解「邊際收益」

因為小林小姐誠心誠意地道歉，我得以保住與豐山商事的良好關係。她真是我的救世主啊！我差點鑄成了大錯。

「小林小姐，真的很感謝你幫了我一個大忙。」

回到公司後，我向小林小姐低頭認錯。

「不要放在心上啦！你這麼努力地銷售產品是好事呀！不過既然你現在特別在學習會計力，對於每個產品的損益架構和邊際收益[76]，也要事先多加了解才是。」

　　邊際收益？我記得這個在大學時期好像也學過。

　　「不好意思，『邊際收益』是指什麼？」
　　「哎呀，我才剛說你有把會計力放在心上，竟然連邊際收益也不知道？」
　　「抱歉。」

　　小林小姐把一旁的白板拉過來，一邊畫圖一邊開始說明。

　　「邊際收益是銷貨減去變動成本[77]後的數值。變動成本就是像原料費用這種，與銷售額成比例增加的費用。銷貨和變動成本會與數量成比例增加，所以邊際收益也會與數量成比例增加。到這裡清楚嗎？」
　　「是，了解。」

76　銷貨減去變動成本後得出的數值。
77　與銷售額成比例增加或減少的費用。

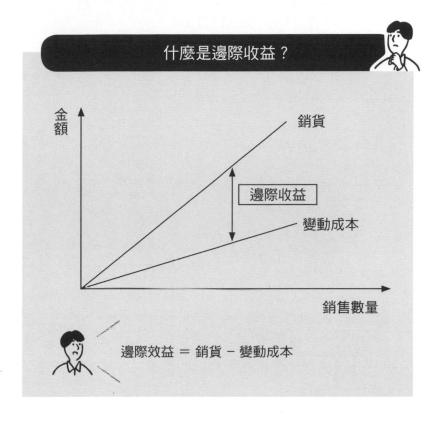

什麼是邊際收益？

金額

銷貨

邊際收益

變動成本

銷售數量

邊際效益 ＝ 銷貨 － 變動成本

「那我們來看一下 Mercury 的損益架構吧！因為 Mercury 是我們公司自己研發的產品，所以研究開發費用 [78]，也就是固定成本 [79]，占費用中很大的比例，因此它的變動成本小，也就是邊際收益大。」

78　花費在研究開發的費用。嚴格來説，這一項在日本「研究開發相關會計準則」中有詳細的定義，但本書是以介紹邊際收益的思維為出發點，所以對研究開發費用不再深究。

79　與銷售額增減無關，不論賣多賣少都會發生的定額費用。

「是。」我點點頭。

「正因為如此，Mercury 這項產品即使降價，也還是能完全地保有它的邊際收益。只要能確保邊際收益，就算在營業利益率下降的情況下，僅有數量增加，收益還是可以增加。說得極端一些，因為它保有邊際收益，即使驟然降價 80％，只要數量增加，公司的獲利還是會增加。當然，因為收支平衡點[80] 也因此一下子上升許多，所以在折扣時，還是得留意，不可以超過這個界限。」

「不好意思，你說就算降價 80％還是有獲利，這個我不太懂。」

為什麼 Sophia 降價 25％就會虧損，而 Mercury 縱使降價 80％也沒問題呢？這兩種產品的營業利益率，應該沒有差那麼多才對呀？

「那麼我們不要談實際金額，就用容易理解的數字來說明好了。假設 Mercury 的銷售金額是 1000 日圓，變動成本是 100 日圓，固定成本是 9000 日圓，每一件的邊際收益就是 900 日圓。在這個情況下，Mercury 如果售出 10 件以上，固定成本就可以回收，開始獲利。」

80　銷貨收入和費用的金額剛好相等的銷售額或是銷售數量。低於收支平衡點就是虧損的紅字，超出後就是獲利的黑字。

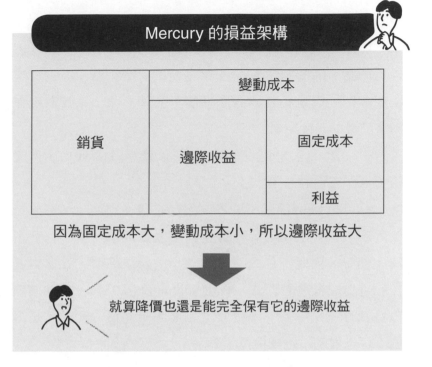

小林小姐一邊指著白板一邊說道。

「我們比方 Mercury 這項產品降價 80％來賣好了。這時變動成本是 100 日圓，所以邊際收益還能保有 100 日圓。雖然營業利益率大幅下降了，但只要一件商品保有 100 日

圓的邊際收益，賣出超過 90 件以上，固定成本就可以回收，還是能產生獲利。即使打兩折出售，銷貨額還能提升九倍以上的話，降價 80％也是可以考量的營業策略。不過實際在評估時，還是必須要考慮降價對品牌形象，以及對現在顧客造成的負面影響。」

「沒錯，因為變動成本小，所以就算降價 80％，也還是可以保有它的邊際收益。」

「可是 Sophia 就不同了，因為它是從別家公司買來修改的客製系統，所以版權費也就是變動成本，占了它費用的大部分。因此，它的邊際收益小，如果降價，就會對邊際收益造成很大的影響。假使 Sophia 降價 25％，它的邊際收益就幾乎是零了。邊際收益為零或是為負的產品，是絕對不可以賣的。這樣你懂了嗎？」

「了解。因為邊際收益為零或是為負的產品，不管賣幾件，固定成本都無法回收。」

「我再用容易理解的數字來說明，假設 Sophia 的售價是 1000 日圓，變動成本是 800 日圓，固定成本是 2000 日圓，每一件的邊際收益是 200 日圓。和剛才舉的 Mercury 例子相同，賣出 10 個以上就可以獲利。」

「是的。」

為什麼 Mercury 可以降價？

＜賣 1000 日圓的情況＞

| 售價 1000 日圓 | 變動成本 100 日圓 |
| | 邊際收益 900 日圓 |

| 固定成本 9000 日圓 |

邊際收益 900 日圓，如果售出 10 件以上，
固定成本就可以回收，便能獲利

＜降價 80%，賣 200 日圓的情況＞

| 售價 200 日圓 | 變動成本 100 日圓 |
| | 邊際收益 100 日圓 |

| 固定成本 9000 日圓 |

邊際收益 100 日圓，如果售出 90 件以上，
固定成本就可以回收，便能獲利

因為 Mercury 的變動成本小，就算降價賣，
也可以保有邊際收益

Sophia 的損益架構

銷貨	變動成本	
	邊際收益	固定成本
		利益

因為變動成本的占比大，所以邊際收益小

一旦降價就會對邊際收益造成莫大的影響

　　「如果 Sophia 降價 20％變成 800 日圓，它的邊際收益就變成零了。邊際收益為零的產品，就算賣得再多，也不會有獲利，永遠都是固定成本無法回收的虧損狀態。如果降價 25％，賣 750 日圓的話，就是賣越多賠越多了。」

　　「原來是這樣啊。我太粗心了，對不起。」

　　我再一次深深鞠躬道歉。

為什麼 Sophia 不可以降價？

＜賣 1000 日圓的情況＞

售價 1000 日圓	變動成本 800 日圓
	邊際收益 200 日圓

固定成本 2000 日圓

邊際收益 200 日圓，如果售出 10 件以上，
固定成本就可以回收，便能獲利

＜降價 20%，賣 800 日圓的情況＞

售價 800 日圓	變動成本 800 日圓

邊際收益 0 日圓

固定成本 2000 日圓

邊際收益 0 日圓，不管賣得再多，
固定成本都無法回收，一定是虧損的紅字

Sophia 一旦降價 20%以上，就賣越多賠越多

「你用不著這麼鬱卒啦。話說回來，上課的時候打瞌睡是不對的哦。」

「真的太謝謝你了。」

這次多虧了小林小姐，事情才能圓滿收場，會計的知識真的太重要了。想到這裡，我不由得感激起與帕西奧利的相遇，以及他關於會計知識的種種教誨。

為什麼價格昂貴的機票可以免費贈送？

下班後，我買了提拉米蘇和 Expresso 回家，一進門就看到帕西奧利坐在茶几上看會計的書。

「噢，你回來啦。這本書寫得很好耶！真是深得我心啊！」

「那是大學上課時的必備課本，且是我第一次花 3000日圓買的書。不過，幾乎沒怎麼讀它就是了。」

「這麼樣的一本書，你一定要好好讀過才行。」

仔細一看，帕西奧利把介紹他自己的那一頁，用紅筆大大地圈起來，還特別在「近代會計學之父」一詞上，標了一個記號。

「如何？會計力有用嗎？」
「有。不過我今天犯了一個好大的錯誤。」
「你幹了什麼好事？」

反正就算隱瞞，也會被帕西奧利看穿，於是我就一五一十地和盤托出。

「我不了解邊際收益的概念，隨隨便便就向客戶提出降價的方案。」
「的確，只想著把產品賣掉是不行的，這就是你的不對了。」
「還好上司小林小姐有幫忙處理後續的事，她第一時間帶著我去向客戶誠心誠意地道歉。真的很感謝她。」
「受了好上司的照顧，這恩情不能忘啊！」

帕西奧利眼角泛淚。大概他的個性就是這麼重情重義吧！

「哎呀，轉換一下心情，先來點提拉米蘇吧！Expresso 要趁熱喝，別客氣！」
那是我買來的吧？哎，算了。

「這提拉米蘇的香甜和 Expresso 的苦澀相結合（mariage），真是太美妙啦！」

和之前一模一樣的讚嘆。咦？mariage 不是法文嗎？

「哇，真是太好吃了。謝謝你每次的盛情款待。說到邊際收益，本來今天就打算要來談談損益架構的話題。正好！我應該可以當你已經了解，什麼是邊際收益了吧？」
「我想我大概理解了。今天提出產品降價的方案，但那個產品的變動成本高，邊際收益小，如果真的降價，邊際收益就變成零了。」
「降價降到邊際收益變成零，是絕對不允許的。你犯了這樣的錯，小林小姐不但沒生氣，還幫你善後呀？她真

是一個好人耶！」

帕西奧利又泛起了淚光。

「真的。簡單的說，之前我們自己製造的產品，因為邊際收益大，所以就算降價賣也沒關係……」

「正是如此。沒有掌握損益架構是你的失誤。」

「我有反省自己，還好沒有鑄成大錯，掌握損益架構真的很重要。」

「了解損益架構，就可以套用這世上各種不同的商品和勞務，很有趣哦。比方說飛機的飛行里程吧！一旦累積了一定的里程數，機票就可以變成是免費的。」

「沒錯。我有朋友很喜歡累積里程數，常常用里程數四處旅行。」

「飛機之類的，就是最典型的固定成本商品，因為變動成本只有機艙內的飲食等。也就是說，因為邊際收益大，就算用里程數交換免費的機票當贈品，也不痛不癢，而且如果還因此讓顧客更積極、更頻繁地使用飛機當交通工具，是非常划算的。」

幾十萬日圓的機票可以變成免費的，原來是這樣的操作機制。

「其他還有電影看三場送一場、上一季的漫畫或遊戲免費下載、研討會上送價值 10 萬日圓的動畫或語音等等都是。這些商品雖然在製作時投入了金錢，可是一完成之後，

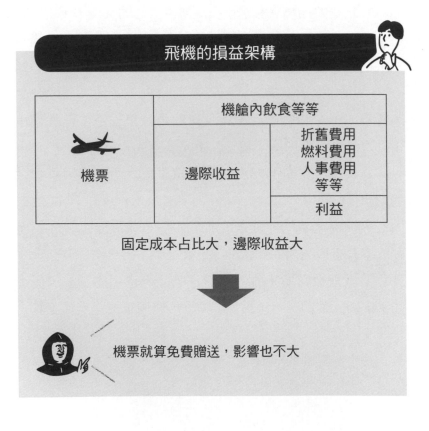

飛機的損益架構

	機艙內飲食等等	
機票	邊際收益	折舊費用 燃料費用 人事費用 等等
		利益

固定成本占比大，邊際收益大

機票就算免費贈送，影響也不大

就能幾乎零成本地不斷複製，這都是一樣的道理。」

「真的耶！一聽有價值 10 萬日圓的禮物，我還想說對方怎麼這麼慷慨？」

「你就是個分不清好壞的老實人，且徹底被損益架構的花招給騙了。」

沒有會計力，還可能會因此受騙上當。就算只是單純地不想被騙，也要好好地學習會計力才行。

「請問，在拍賣會或是暢貨中心，都會打五折或是打三折，可是這些商品的原料費或是變動成本都很大呀。變動成本大，邊際收益就小，那他們降價降得這麼低，不就虧錢了嗎？」

「那些商品很多都是一開始就預期會在拍賣會或是暢貨中心銷售的，所以它們會降低品質，讓變動成本下降，以確保邊際收益。」

是這樣呀？預期會打到三折，所以一開始，就是以打折為前提而製作的？

「之前打折的時候，我都會儘量挑折扣大的商品購買，

以為自己賺到了，原來這樣做，一點意義都沒有。」

　　「折扣品上的標價（定價），是最不可靠的東西，不要被折扣給騙了。一定要好好地認清品質，自己心裡也要有一把尺才行。」

　　沒錯。本以為標價高的商品價值也高，但其實要自己看

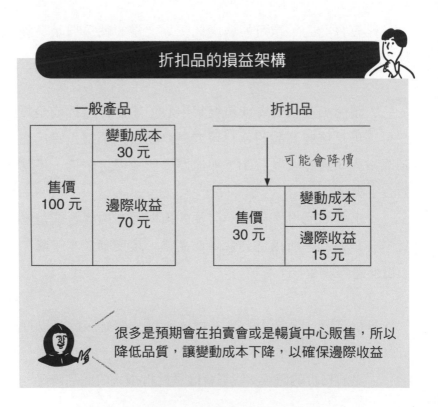

折扣品的損益架構

一般產品

售價 100 元	變動成本 30 元
	邊際收益 70 元

折扣品

可能會降價

售價 30 元	變動成本 15 元
	邊際收益 15 元

很多是預期會在拍賣會或是暢貨中心販售，所以降低品質，讓變動成本下降，以確保邊際收益

得仔細才行。

「不只這些，因為變動成本、固定成本、邊際收益的思維，在簿記三級裡都沒有教，而且損益表中的費用類，也不會區分變動成本或是固定成本，所以不懂的人是出乎意料地多。」

「損益表也看不出來？」

「損益表是向股東或債權人等外部人士報告的財務會計[81]文件。而邊際收益則是以對內的管理會計[82]為出發點，雖然不同公司有不同做法，有些公司也會製作管理損益表[83]，但它是對內的，外人是不會知道的。」

「那麼應該怎麼做才好呢？」

「財務會計以對外報告為取向，而管理會計則以經營管理為取向，這兩者的目的是不一樣的。所以呀，在投資股票、評估公司的獲利能力時無法掌握邊際收益，也沒必要。但若是自己創業或是經營事業時，就應該了解各種商品或各個事業的邊際收益才是。」

「了解。」

想到自己今天的錯誤，我重重地點頭。

81　會計資訊是以企業外部的利害關係人（股東、債權人、稅捐機關等等）為取向所製作。
82　會計資訊的提供目的，是在幫助企業經營者決策，或是提供組織內部進行業績預測與評估。
83　將一般損益表中的成本和費用，分拆為變動成本和固定成本來表示的損益表。

增加收益的三種方法

「邊際收益減去固定成本就是營業利益。一般**要增加收益有三種方法：一是提高價格或是降低變動成本，讓邊際收益增加；二是減少固定成本；三是增加銷售的數量。**而這三個方法之中，任一個產生變化，都會對剩下的兩個造成影響。」

帕西奧利把增加邊際收益、減少固定成本、增加銷售數量等三項寫在紙上。

「的確，這樣一整理後就清楚多了。想自己創業的人，最好要先了解這些才是。」
「那麼，你有想過要自己創業嗎？」
「哈哈，沒有啦，我不是現在馬上就想創業。因為學了會計力，正開始覺得公司的工作有趣的時候。不過，如果就打造『人力資本的資產負債表』，以及自己想要產出怎樣的價值來看，我也想過或許哪一天，能夠創立一番事業也不一定。」

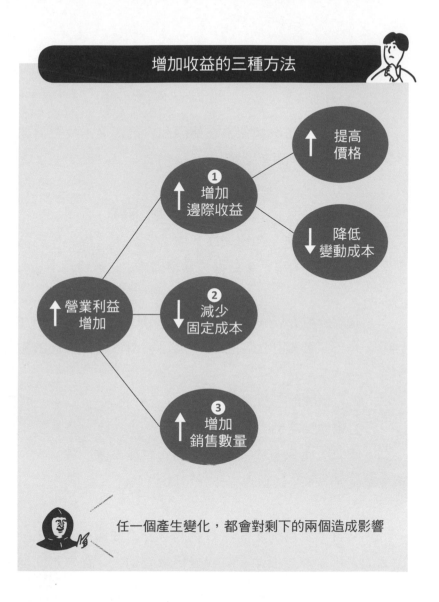

增加收益的三種方法

任一個產生變化，都會對剩下的兩個造成影響

「不管怎樣，有企圖心是好事。雖然近來開始流行起自己創業的風潮，但你不用心急。」

因為覺得帕西奧利似乎在建議我自己創業，我對他如此慎重的回答，感到有點意外。

「可是你也說了，最好要有時間軸的意識。」

「意識時間軸、加快速度，與心急是不一樣的。因為創業不是件容易的事，要做好充足準備再來比較穩當。」

「我們公司去年解除了兼職副業的禁令[84]。所以我也在思考，是不是要做什麼副業，不過目前還沒有什麼具體的想法。」

「做可以讓你心靈愉悅的事就行了。」

「心靈愉悅的事？」

「因為人生只有一次啊！只要一直從事讓心靈愉悅、讓生命發光、讓心悸動的工作就可以了。」

「其實，我也試著把你教我的會計力知識教導屬下，在教的過程中真的很開心。我覺得教育他人、從事幫助他

---

84 日本勞動改革中的一環。日本政府為了改善勞動環境和相關配套，讓勞方更有彈性，其中一項具體的方針，就是解除兼職副業禁令。2018 年 1 月，日本厚生勞動省修改「示範工作規則」（《モデル就業規則》），刪除了「不可從事其他公司業務」的規定，並新增「從事副業、兼職相關規定」。

人成長的工作很棒，但具體該如何進行，我還不清楚。」

「那不是隨便說說就可以找到的，所以不要心急，多方面嘗試就好。什麼工作會讓自己怦然心動？這用腦袋怎麼想都是想不出來的，只有實際去試了才會知道。」帕西奧利語氣溫柔的說。

　　無論如何，不去試是不會知道的。

　　「**不用急著創業，先不停地嘗試各種副業即可。**現今世道變化的如此快速，只有一份公司的工作反而是風險。相較之下，從事多項兼職，擁有包含勞動收入和被動收入在內的多個收入來源，才是最安全的。因為如果收入來源多，就算其中一個沒了，也可以靠其他的彌補，這樣收入也會比較穩定。」

　　「現在的世道已經的確變化很快。」

　　「當然，因為企業已經養不起員工了。如今這個時代，連日本經濟團體聯合會的會長都已經言明，終身雇用制已無法持續[85]。很早以前，企業鼓勵提早退休的年齡是 55 歲，現在幾乎都降到 45 歲了。身為企業員工，也不能只想要依賴公司，最要緊的是，自己本身要有賺錢的能力才行。」

---

[85]　2019 年 5 月，日本經濟團體合會的會長中西宏明先生，以及豐田汽車的社長豐田章男等財經界的大老們，相繼在鏡頭前提到，要重新審視日本的終身雇用制度。

我也有同感，現在已經不是可以依賴公司的時代了。

「等你自己出來獨立創業時，就會知道每個月有穩定的薪水入帳，真是一件值得感恩的事。你要做的，就是扮演好現在的角色，在公司持續貢獻，努力創造出大於資本成本的收益，與此同時，自己也要產出價值，打造可以讓錢增加的運作機制。為了達到這個目標，你可以先從副業，先從小處著手。」

「帕西奧利先生，沒想到你也這麼小心謹慎呢！」

「毅然決然辭去工作然後創業也可以啦，像這樣挑戰不可知的未來我也喜歡。只要到死前的那一刻，不論結果如何，都覺得不枉此生就好。因為人不只對做過的事後悔，對那些沒有去做的事還會更加後悔，如果沒做會後悔，那還不如做了再來後悔的好。」

這一輩子都覺得不枉此生的生活方式？這樣的帕西奧利是謹慎還是大膽呢？

「重點是要認真地生活。為了這一點，擁有多個收入來源也是好的，因為這會讓你更容易接受挑戰。比起害怕身無分文而不敢面對挑戰，還不如讓自己保持在就算有個

萬一也能過活的狀態，毫無顧慮地挑戰自我。」

「的確。我剛還在想你到底是慎重還是大膽，但現在想來，是因為有了多個不同的收入來源，所以才能大膽地挑戰自我。」我終於懂了。

「沒錯，那現在來看一下剛才談到的，增加收益的三個方法吧！如果可以理解這些，不只是公司的工作，對自己創業也會有幫助哦！」

▶ 一、增加邊際收益

「首先，增加收益的第一個方法，就是增加邊際收益。要增加邊際收益，必須要降低變動成本或是提高價格。」

我回想之前的說明，點了點頭。

「那你覺得要使變動成本下降，該怎麼做才好呢？」

「變動成本主要是原料之類的，既然如此，就和原料廠商議價不就好了？」

「是啦，雖然可以和原料廠商議價，或是找更便宜的貨源，但若勉強壓低變動成本，品質也可能會跟著下降，這一點必須留意。」

「果然，便宜還是沒好貨呀！」

「若可以找到價廉物美的原料當然沒問題，但一般來說，品質和價格都是相對的。如果為了降低價格讓品質下降，反而失去了客戶，這就得不償失了。」

沒錯。我不想議價議到品質都下降了。

「再者，一些大企業都有花錢是大爺的毛病，常常不當地向廠商施壓，要求過度降價。或許眼下的收益是增加了沒錯，但就長遠來看，這並不是什麼好事。畢竟唯有和廠商共存共榮，生意才能做得長久啊！」

「我也這麼認為。」

我常聽說一些大企業壓榨中小企業、砍價砍到見骨，直覺這不是好事。還好帕西奧利也這麼想，我比較安心了。

「所以，在增加邊際收益這方面，思考提高價格的可能性，會比降低變動成本的做法來得更好。那麼，你覺得

要怎麼提高價格呢？」

　「我想這不是件容易的事，應該要增加商品的價值才辦得到吧？」

　「你說對了！如果價值增加了，就算價格提高客戶也會買。如果價值降低了，就算便宜賣也沒人要。這是很簡單的道理。」

創造價值

　「也許它聽起來理所當然，卻至關重要。」

帕西奧利一臉認真地說道。

　「換句話說，**所謂的工作就是在創造價值。**」
　「說起來，產出價值這件事，之前你也曾經提過許多次呢！」
　「是的。所謂的工作，就是發揮一家公司或是一個人的強項，create 出某些 value 來。」

他是一時心急才撂英語的嗎？明明是義大利人呀！因為是如此要緊的大事吧？帕西奧利加重了語氣，是想要強調它的重要吧？

　　「那聽到『價值』這個詞，你認為它是什麼？」
　　「嗯，以我們公司來說，就是利用系統來解決客戶與營運相關的種種課題。」
　　「沒錯。**解決某些問題，這就是價值。**另外，不同的行業別創造的價值，也各有差異，幫忙處理一些麻煩的事，也是一種價值。只不過在現今的時代，這些事已經漸漸由人工智慧代勞了。其他像專業性也是價值，便利性也是價值。」
　　我點點頭。
　　「這當中，尤其是那些今後真正有需求的價值，都是順應著人類想要更好的未來而生。在商品、服務泛濫的今日，人類真正追求的是，與生活有關的部分，希望過得更好、更幸福、更健康美麗、更滿足。」

　　衣食無缺之後，人類想追求的就是這個吧？我現在的公司，還有我自己，是在提供這樣的價值嗎？

「可以提供讓人類過得更幸福的價值真的很棒。我現在做的工作，是推銷營運支援系統，但我不確定它能不能幫人類變得幸福。」

「不論做什麼工作，都可以為人類的幸福做出貢獻。當然，這其中有些看似並不容易，但只要真的可以為對方帶來幸福，那就是價值，就可以產出收益。」

▶ 二、減少固定成本

「好，再來是固定成本。它包含人事費用、房租、水電費、交際費、租借費用、廣告宣傳費以及折舊費用等等。」

「是。它們都是固定不變的費用。」

「倒不是說就是固定不變的費用，而是它們與銷售沒有關聯，其實多少還是會有增減。比方說，廣告宣傳費雖然每月都有變動，但其增減不會讓銷售額成比例變動，所以它是固定成本。因此嚴格來說，若是會影響銷售額的廣告，該廣告費用就會是變動成本。」

是這樣的呀？原來它指的不是每年都不變動的費用啊？

「在評估該投入多少廣告宣傳費用時，也可以借助邊際收益的思維。比方說，如果花 10 萬日圓的廣告費用，預計可以讓銷售額增加 20 萬日圓，你覺得這筆錢該花嗎？」

「當然應該呀，如果增加的銷售額可以大於投入的廣告費，這筆錢就值得花，不是嗎？」

「這個嘛，就要看邊際收益如何了。我們先以售價 1000 日圓，變動成本 300 日圓，邊際收益 700 日圓的商品來看好了。如果銷售額增加 20 萬日圓，也就是多賣出 200 個，假設它的變動成本不變，那麼邊際收益就會增加 14 萬日圓。在此情況下，雖然廣告費用增加了 10 萬日圓，但收益有多出 4 萬日圓，當然可以花。」

帕西奧利一邊寫一邊說明。

「可是，如果是售價 1000 日圓，變動成本 700 日圓，邊際收益 300 日圓的商品，就算銷售額增加 20 萬日圓，也就是多賣出 200 個，它的邊際收益也只增加 6 萬日圓。因為廣告費用多了 10 萬日圓，所以收益就變負的 4 萬日圓了。這種情況之下，當然就不應該花這筆廣告費用。」

廣告費該不該花？（一）

	變動成本 300 日圓
售價 1000 日圓	邊際收益 700 日圓

廣告費用
增加
10 萬日圓 銷售額
增加
20 萬日圓
（多賣 200 個） 邊際收益
增加
14 萬日圓

收益增加 4 萬日圓

 因為收益會增加，所以可以投入這筆廣告費用

本以為投入 10 萬日圓的廣告費，如果能讓銷售額增加 20 萬日圓就可行，想不到從邊際收益的角度來看，結果竟然完全不是那麼一回事。

「雖然銷售額增加，會讓人覺得這筆廣告費值得花，但其實重點在於邊際收益。有些經營者也想不通，為什麼明明花了廣告費，提高了業績，但收益卻沒有增加。」

「而且邊際收益在損益表上看不出來。」

「好了，我們回到固定成本的話題，反過來說，如果可以降低固定成本，有時候就算銷售的數量減少，也照樣能夠保持收益。因為固定成本容易有浪費的情形，所以只要一一檢視，就可以發現還有許多調降的空間。」

「我們公司現在對交際費的管控，和幾年前比較起來，也更嚴格了。我剛進公司時，有一大堆的招待聚會，但現在已經少了許多。」

「資金有其需要支付的成本，我們有責任讓資金增加的幅度大於資本成本，如果擁有這樣的會計力思維，應該就不會有白白浪費的固定成本發生。如果浪費的情形很多，就是少了讓資金增加幅度大於資本成本的責任感和自覺，也就是會計力的觀念不夠。」

廣告費該不該花？（二）

售價 1000 日圓	變動成本 700 日圓
	邊際收益 300 日圓

廣告費用
增加
10 萬日圓　　銷售額
增加
20 萬日圓
（多賣 200 個）　　邊際收益
增加
6 萬日圓

收益減少 4 萬日圓

 因為收益會減少，所以不應該
投入這筆廣告費用

我也是自從有了會計力的觀念之後，才開始注意不讓自己使用的資金白白浪費，以前的我完全不在意。

　　「要加強公司全體上下這個自覺才行。可是如果處處摳門，就顯得很小家子氣了。」

　　「當然，太過吝嗇也不是件好事。因為每筆小錢都要計較，無法創造價值，到頭來也不能產出收益。關鍵是怎麼讓金錢活起來。想方設法投資讓錢生錢，減少無謂浪費才是最重要的思維。」

▶ 三、增加銷售數量

　　「接下來，增加收益的第三個方法，就是提高銷售的數量。剛才我們已經談過，價格降低可以讓銷售的數量增加，加碼廣告宣傳費也行，它們彼此各有不同的關聯性，不過我們現在先不考慮它們的連動，只純粹思考如何增加銷售的數量吧！你認為該怎麼做呢？」

　　「這個嘛，還是得靠開發新客戶吧？我每個月也都會

開發新的客戶。」

「沒錯。開發新客戶很重要，但追蹤既有客戶也一樣重要。透過後續的追蹤，可以讓客戶再次購買產品，或是介紹新的客戶，這比開發新客戶更有效率[86]。因為新客戶的信賴感，必須從零開始建立，無論如何都得耗費一定的時間。」

這個小林小姐也曾說過。比起持續購買或透過介紹上門的客戶，新開發的客戶所需花費的成本要高出數倍。

「關鍵在於剛才說過的，就是創造價值，創造客戶的幸福。如果可以做到這點，既有客戶就會持續購買，還會介紹別的客戶上門。假使忽略了這一點，只是一味地開發新客戶，不但新的客戶沒有增加，還可能會失去原有的客戶。」

「我之前的確都把注意力放在開發新客戶上。」

「當然，這世上還有許多未曾謀面待開發的客戶。**善用廣告招攬新的客戶，保持興趣和關心，建立彼此的信賴，讓對方購買商品或服務，並成為忠實顧客**[87]——這些過程的規劃至關重要。再怎麼優秀的商品或服務，如果無法遇見需要它的人，也是無用。這些過程的規劃，就是市場行銷[88]。」

「市場行銷也是必須要學的功課啊。」

86　開發新客戶藉以提升銷貨額，與透過既有客戶提升銷貨額相比，前者所需花費的成本是後者的五倍。

87　指對某一企業或對某一商品、服務忠誠度高的顧客。因為這一類型的顧客，不會選擇別家企業，會一直持續使用自家產品，所以可以期待未來能有穩定的收益。

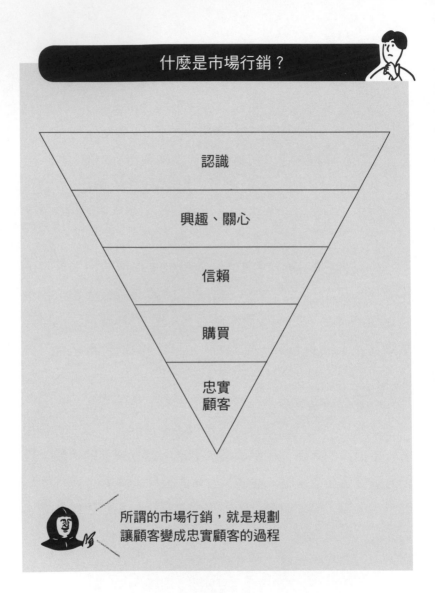

什麼是市場行銷？

認識

興趣、關心

信賴

購買

忠實
顧客

所謂的市場行銷，就是規劃
讓顧客變成忠實顧客的過程

212

　　「如果是自己經營事業，就必須具備市場行銷的知識。有了會計力和市場行銷知識在身上，便等於是如虎添翼。」

　　希望我也有會計力和市場行銷知識，邊上班邊投資，同時還可以經營自己的事業。

　　「在市場行銷這一塊，有許多很厲害的老師，找一位和自己合得來的就行了。相較之下，教會計力的老師就微乎其微了。所以有『近代會計學之父』稱號的我，才會到這裡來。」

　　又自吹自擂了。不過我從他的身上，學到了超越會計範疇，對人生意義重大的知識。

---

88 創造顧客真正需要的商品或服務，為了將這個訊息加以推廣、讓他們能有效取得該價值的一系列活動和想法。

▶ 增加「錢子錢孫」的首要祕訣

「你也要好好實踐我教你的東西，讓自己成為真正幸福的人哦！這就是我的願望。」帕西奧利溫柔地說道。

「我當然會實踐！只是你為何突然這樣語重心長了起來？」

「雖然聽起來有些矛盾，但其實要變成真正幸福的人，並不需要擁有那麼多財富。」

帕西奧利沒有正面回答我的問題。

「並不是花數倍的錢，就可以得到數倍的幸福。法國的紅酒比義大利的紅酒貴，但義大利的紅酒比較好喝。」

這是因為帕西奧利是義大利人吧？不過花數倍的金錢，並不一定就能得到數倍的幸福，這個道理我懂。

「重要的是對幸福的感知。如果對幸福的感知度高，就算身處在山上或海邊等大自然的地方也可以幸福，就算

不花一毛錢也能有幸福的感覺。相反的，如果對幸福的感知度低，就算再怎麼奢侈揮霍，心裡還是感到空虛寂寞。**可以這麼說，讓金錢增加的首要祕訣，就是自己要幸福。」**

「自己幸福是讓錢增加的祕訣？好深奧哦！」

「很有哲理對吧！我這個修道士可不是浪得虛名的。」

帕西奧利一面說著，一面得意地指著自己胸前的十字架。

「更進一步說，當自己充滿了愛和幸福，就會想讓他人變得幸福。換言之，就是能創造價值的狀態。如果可以創造價值，這些價值就會變成金錢。所以說起來，**金錢源自於愛。」**

「好厲害哦，我從來沒有這樣想過。」

「不斷賺錢的人幾乎都有滿滿的愛心，無一例外。沒有愛的人雖然也可以賺錢，但無法長久。做生意還是要以愛為出發點啊！」

「雖然印象中有錢人都在投機取巧做壞事，但事實並不是這樣。」

「那是媒體造成的錯誤認知，是嚴重的誤導。一般大

眾受了媒體的荼毒，老是覺得有錢人多行不義，所以告訴自己不要變成有錢人。」

如果有這樣的想法，我就是被徹底洗腦了。

「賺錢是神聖的行為，是表示得到他人的信賴。做壞事的傢伙，雖然也可以暫時賺到錢，但他們無法一直持續地賺錢。」

「聽你這麼說，真的是如此耶。有錢人都喜歡做壞事的傳聞，完全都是被放大檢視了。」

「賺錢的祕訣在於愛，最後還是以愛為終點。amore（義大利語，「愛」的意思）！」

帕西奧利不愧是義大利人。

「如果可以愛自己、滿足自己，就能夠創造價值，金錢也會增加。更進一步說，如果自己得到了滿足，一直覺得幸福，金錢也就不那麼必要了。於是活用多餘的金錢，成就他人的幸福，錢還因此增加得更多，變成一個良性的循環。」

「可是，想滿足自己很難耶！要做到這一點，必須要
有錢，如果沒有錢就無法得到滿足，一旦自己無法滿足就
不能生錢，於是掉入惡性循環。」

我認為，如果對金錢有很大的不安全感，那還有什麼
餘裕來滿足自己呢？

「沒這回事。雖然說要讓自己滿足，最好還是能擁有
金錢，但沒錢仍然可以讓自己滿足，可以愛自己。關鍵是
在自己的內心。」
「我覺得有些抽象，不是很懂。」
「你可能無法馬上理解，**但幸福不是向外求來的，而
是存在於自己的內心。**因為不管怎樣說，包括你、我在內，
所有人的存在都和宇宙相連結。」

雖然這麼宏觀的話題，我不太能完全感受，但與帕西
奧利一聊，也不由得頗有同感，真是不可思議。
「從會計衍生到這麼宏觀的思維，我連想都沒想過。」
「很深奧吧？你可以試著把它套用在剛剛講的三種方
法上。」

「增加收益的三種方法嗎？」

這種哲學的思維，可以和剛才說的扯上關係？

「沒錯。首先，增加邊際收益，也就是提高價值的行為就是愛。剛才也說了，愛自己、滿足自己是成就他人幸福的祕訣。」

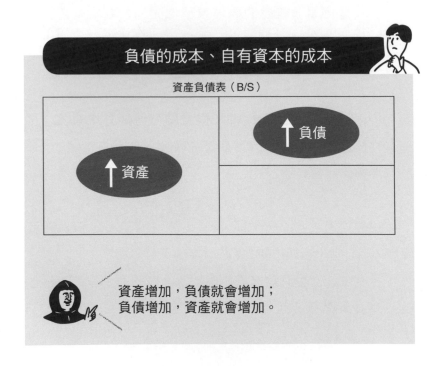

負債的成本、自有資本的成本

資產負債表（B/S）

↑負債

↑資產

資產增加，負債就會增加；
負債增加，資產就會增加。

「是，這個我能體會。」

「這樣做可以讓自己得到滿足，就算不多花錢也可以變得幸福，所以固定成本自然就會減少。」

「對耶，無謂的浪費就減少了。」

「像這樣，如果自己得到滿足，就可以推己及人，成就更多人的幸福。換句話說，幸福的人數就會增加。」

「這樣想來，愛自己、滿足自己的行為，和增加收益的三種方法全都有關聯。」

「不論是工作成功或是人生幸福，全都是以愛自己、滿足自己為基礎。」

「我最後要說的是，所謂的愛是光明與黑暗的調合。」

「光明與黑暗的調合？」

帕西奧利用了「最後」這個詞彙，但更讓我注意的，是那一句我聽不太懂的話──「光明與黑暗的調合」。

「會計的世界也是如此，左與右，資產與負債，兩者缺一不可。如果資產增加了，負債就會增加，負債增加了，資產就會增加。只想要資產卻不要負債是行不通的。」

「是啊！因為會計就是借貸同時記錄的嘛！」

「人生也一樣，有光明就有黑暗，就是所謂的陰陽。當你可以調合自己的光明與黑暗時，也就能夠包容他人的光明與黑暗了。懂嗎？」

「嗯？我不是很理解。」

「這個現在不懂也無妨。不過，它是你之後成為領導者時，必須要具備的智慧。你要記住這個智慧就在會計裡。」

「會計真的是博大精深，我沒想過它竟然是這樣的智慧寶庫。」

「能理解這些就已經償了我的夙願了，我的任務也總算完成了。」

「啊？」

聽到帕西奧利的話，我楞住了。等一下，已經要結束了嗎？我還想向他多學習呢。

「今後，你要讓更多的人知道會計力哦！」

「請等一下，我還有很多想向你學習的事。」

「我也差不多該回去了。這半個月我很開心，提拉米

蘇也很好吃。」

「請不要說這樣的話，我還沒有心理準備。」

「瞧你說的，你已經有會計力的基礎了，今後只要加以活用就絕對沒問題。」

話一說完，帕西奧利要求與我握手。

「多謝了！這段日子我很開心。」

「求求你，不要走！」

眼淚模糊了我的雙眼，帕西奧利的臉漸漸看不清楚。

「說什麼孩子氣的話。」

「你走了，我要跟誰學會計力呢？」

「這個嘛，會計力又不是我的專利。」

帕西奧利笑著說道。

「雖然我號稱『近代會計學之父』，但複式簿記的架構，也不是我想出來的，而是商人們絞盡腦汁發想，然後再三改良的，我只是把它們付諸於文字罷了。會計力也一

樣，我只是提點你，如何將會計智慧活用在生活中而已。
即便我不在了，你也應該能把會計的知識，充分應用在工
作和人生中。」

　　本以為帕西奧利會教我所有的事。今後我必須要靠自
己來發揮了嗎？

　　「我知道了。可是我想再見到你。」
　　「這樣啊，我會再來吃軟嫩嫩的提拉米蘇的。」
　　「好！我等你！」
　　我擦掉眼淚用力地說。

　　「那麼再見了，多謝！」
　　「我才是，真的很感謝你！」

　　我用力握住帕西奧利的手。才剛把淚擦乾，這時又再度
熱淚盈眶。不過這不是悲傷的眼淚，而是因為能與帕西奧利
奇蹟般相遇，所流下的喜悅之淚。

　　「啊，咦？」

　　帕西奧利的身影，不知不覺間消失不見了。我的手掌中，還殘存著他的溫度。

　　要判斷產品定價高低，可以打多少折扣，投入多少廣告費用等等，一定要掌握其損益架構，尤其是邊際收益。

　　因為邊際收益的思維不屬於商業簿記的範圍，所以有不少人即使具備會計知識也不了解。

　　但是，它對業務人員以及經營者來說，是不可欠缺的知識。只要能養成邊際收益的思維模式，就絕對可以看得清問題所在，所以，請務必試著了解自家公司產品或事業的損益架構。

　　另外，也請多多研究增加邊際收益、減少固定成本，以及增加銷售數量這三種提高收益的方法吧！

　　尤其是創造價值來增加邊際收益的觀點特別重要。做生意的本質，就在於創造價值。自己對某人而言可以創造怎樣的價值？還有這個價值如何送達到客戶手上換取金錢？若能時時意識到這些，你的工作或事業應該就會一步步往好的方向發展。

　　工作是活用自身強項為某人創造價值、帶來幸福的

神聖任務。

　　很多人對經商或是賺錢，都抱持著負面的印象，但其實商道就是在創造成就他人幸福的價值。請一定要抱持這樣的觀念，努力經商。

　　就如同帕西奧利説的，增加收益的三種方法在人生中也適用。

　　一切的根源，全都來自於愛自己、滿足自己，和宇宙相互連結的思維。這也和增加邊際收益、減少固定成本以及增加銷售數量有關。

　　另外，所謂的愛是陰與陽的調合。這與借貸調合的會計觀念也有關聯。説到會計，一般人往往會認為它是無聊至極的理論，但透過與帕西奧利的對話，很開心我終於漸漸感受到會計的深奧和美妙。

第五章隨堂筆記

1. 增加副業

- 做會讓心靈愉悅的事
- 不去試不會知道結果
- 有多個收入來源就可以勇敢挑戰

2. 增加收益的三種方法

① 增加邊際收益→創造「價值（成就客戶的幸福）」

② 降低固定成本→減少浪費

③ 增加銷售數量→追蹤既有客戶以及市場行銷

3. 帕西奧利對我的啟發

- 提升對幸福的感知
- 自己感到幸福是讓錢增加的祕訣
- 「借錢，不一定是壞事」
- 賺錢的祕訣是「愛」
- 必要的東西存在於自己內心
- 所有人的存在都和宇宙相連結
- 光明與黑暗調合

結語

　　自從和帕西奧利別後已經過了一年。

　　從那時起，我就時時警惕自己：金錢有其需要支付的成本，我有責任讓錢增加的幅度大於資本成本，要借助人力、活用槓桿的力量，要有時間軸的觀念、加快金錢周轉的速度，了解損益架構、創造價值。

　　我處理工作的態度改變之後，生產力隨之提高，還拿到三次的當月 MVP。我的循環信用欠款還清了，存款也來到月收入的三倍，定期定額基金的金額也持續增加中，我開始投資募資企業的個別股。研究不動產投資是件很有趣的事，我看了許多物件，也能夠看得清房仲業者推薦的物件，其實並沒有那麼好。

　　列在「人力資本的資產負債表」上的人名也一直在增加。現在我可以借助的人力已經跨越部門，甚至是跨越公

司，它的範圍越來越大了。每當借助他人力量，我很自然地心懷感激，也變得更愛自己。因為自己得到了滿足，我不再無謂地浪費，錢自然不斷增加。

我竟然可以過得這麼幸福充實，這在一年前實在難以想像。

此外，我教屬下石川會計力的事大受好評，還在公司內部舉辦研討會，不知不覺中，從半年前起我開始經營副業，開設一系列會計力的講座與課程。我從沒想過，要把教會計力這件事變成我的工作，但現在大學時代的朋友前田和涉谷也加入，而且就算是公司外部的活動，小林小姐也一樣支援我，前來當我的特別講師。當然，講師費是一定要付的。

我也開始學習市場行銷。大概透過社群媒體攬客，把會計智慧應用在生活的觀念，一開始只有三個人參加，但之後隨著每場講座的舉辦，參加的人也越來越多。

許多人發現自己認為會計學很無聊，是嚴重的誤解，也了解是因為缺乏會計力，才終日為錢所苦。學員們上完課之後，一改以往的工作態度和用錢模式，漸漸開始過著不用愁錢的幸福人生。也許我的天職，就是教導人們會計力也不一定。

　　還有，我也認識新的女友。她是我會計力講座的學員，比我小一歲。她之前交往的對象也是愛亂花錢，她還為了他借了汽車貸款，但來參加我的講座之後，她查覺異樣，與他分手，幾個月後開始和我交往。

　　「認識你後，我的人生真的改變了。如果沒有遇到你，或許我還在不斷地借錢、負債。」
　　「如果那樣一直下去是很危險的，還好我們在那個時間點相遇了。」
　　「你才大我一歲卻這麼穩重可靠，不但有會計的知識，還有人生的智慧，真是厲害。」
　　聽她這麼說我覺得很高興，但另一方面也感到慚愧。我並沒有什麼人生智慧，這些全都是帕西奧利教我的。但我總不能說，這些都是向文藝復興時期的近代會計學之父學來的。

　　「你的會計力是在哪裡學的？有拜師嗎？還是讀什麼書看到的？」

　　傷腦筋。我該怎麼說呢？

「嗯，我是向一位老師學的，不過那個老師已經去世了。」

「原來是這樣。不過，你繼承了那個老師的遺志。」

是的，我正在延續帕西奧利的意志。宣揚會計力，應用在人生中，不為金錢苦惱，活用金錢，成就更多人的幸福。這或許就是我的使命吧？

「我能遇見你真的是太幸運了！」

「謝謝你，我也一樣。」

我們結婚吧？我想對她說這句話，但要等到講座事業上軌道、投資有成，可以創造一定程度的被動收入以後再說。我要打下最起碼的收入基礎，這樣就算我生病、受傷或是有了萬一，也還能守護我的家人。等達到這個目標再向她求婚吧！

我在心裡下了這樣的決定。

「你真是用心啊！感恩。」

　　突然間，我彷彿聽到帕西奧利的聲音。他一定是在某個地方守護著我吧？

　　「感謝你，帕西奧利先生。」

　　我在心裡喃喃自語。

後記

　　這不是一本教導會計知識的書，它所要傳達的觀念，是將會計知識應用在人生中，亦即一本教導會計力的書。

　　會計力一詞是我發明的。正如同我們經常使用金融力、媒體力等用語，所代表的含義一樣，我們不僅要加強某方面的知識，更要徹底了解、懂得將該知識應用在生活中是何其重要。會計這門學問也是相同，比起簿記等其他範疇，更要緊的是，懂得在生活中活用的智慧，能成就自己的幸福人生才是重點。為了讓更多人有共鳴，我像之前的著作一樣，採用故事的形式來論述。

　　貫穿本書的盧卡・帕西奧利，在一四九四年將複式簿記的相關知識付諸文字，以學術的角度來說明，著作了世上第一本會計的書籍。他是義大利的數學家，也是一位修

道士，被譽為「近代會計學之父」。

　　我在高中時相信從商會改變這個世界，所以大學進入商學系就讀，當時遇到同年級的一位天才，有了很要不得的想法，覺得自己要有個專業知識，才不會被比下去，於是抱著不單純的動機，開始準備會計士的檢定考試。

　　那是我第一次接觸會計，當時曾為會計架構的美妙感動不已，真心覺得設計這些的盧·卡·帕西奧利，「實在是太厲害了！」

　　其實帕西奧利不是設計者，他只是將商人之間使用後，再三改良的複式簿記，加以歸納整理罷了。帕西奧利也是在承繼先人的智慧和遺志，所以應該說，我們也是在承繼這些偉大的文化資產。

　　不論如何，一四九四年文藝復興時期以學術角度確立的手法，在經過五百年以後的今天仍被使用中，單憑這一點，就可以確定它的普及和廣泛程度。

　　有許多人都認為簿記是很無聊的東西，如果本書能讓你稍稍領略會計的深奧和美妙，就是萬幸了。

其實這本書的主角松井真一就是過去的我。

　　我二十五歲時，出版了《会計のことが面白いほどわかる本（暫譯：輕鬆學會計）》（中經出版）一書，這本書直至今日，仍舊是日本賣得最好的會計入門書，雖然已經有了這樣的會計知識，但我還是無法將這些知識應用在生活中。我在野村證券和埃森哲（Accenture，全球最大的管理諮詢公司）負責 M&A（併購）以及諮詢等相關業務十一年之久，之後在二〇〇八年年底，憑藉著「創立一家成就幸福的公司」的理念自行創業，從那一刻起，我開始了驚濤駭浪的人生。

　　創業後的三年左右，一切開始順遂起來，業績也越來越好，我的收入比當上班族時多了好幾倍，這讓我迷失了對金錢的感覺。我租下擁有炫麗夜景的摩天大樓做辦公室，開始把錢浪費在不會創造收益、毫無意義的東西上。

　　在二〇一一年的時候，有一位熱血青年來拜訪我，說無論如何都想成為我的員工。當時的我，也不管自己的主要事業是企管顧問和企業管理學苑，根本就沒必要雇用員工，只想著自己既然在輔導「建立成就幸福的企業」，就

應該要聘請員工、讓他們幸福才是。受到這謎樣的使命感驅使，我明明沒有什麼工作可以讓他做，卻還是錄用他，之後更陸續增加了三名員工。

我不但沒有工作給員工們執行，還要減少自己的工作，把時間用來與員工溝通和教育他們。再加上員工提案的新事業也遭遇了挫折，公司的現金一直不斷地減少中。

現金終於用光了，我一再地舉債，最後還犯下愚蠢的錯誤，用個人信貸借錢來支付員工的薪水。那就是書裡帕西奧利說的「邪惡的商業模式」，利息高達 15％的高利信貸。

雖然我擁有可以出版會計入門書的會計知識，但卻不會應用，還是過著為錢所苦、為錢奔波的人生。

在此之後，我冷靜分析自己為何會落到這般田地，覺察到自身沒有把會計智慧好好運用的事實，於是我改變長久以來的思考模式和用錢方法，人生也因此產生了巨大的改變。

現在我擁有多項事業，也做投資，與此同時，還舉辦

宣導系列的會計智慧講座獲得極大的迴響，人生大有好轉的人也越來越多。

雖然我在書裡沒有加以詳加說明，但其實在擁有會計力和市場行銷能力的同時，真正重要的是愛自己、滿足自己，和宇宙相連結的自我覺察，以及陰與陽的調合。

最後，我要藉此機會，由衷地感謝促成此書問世的出版社，以及在工作上惠賜卓見的客戶與合作伙伴們，還有一直溫情守護著我的家人們。

天野敦之

國家圖書館出版品預行編目 (CIP) 資料

會計之神教我的金錢守則 / 天野敦之著 . -- 初版 . -- 新北市：幸
福文化出版社出版：遠足文化事業股份有限公司發行 , 2021.01
　　面；　公分
譯自：会計の神さまが教えてくれたお金のルール
ISBN 978-986-5536-29-9(平裝)
1. 理財 2. 投資

563   109017080

會計之神教我的金錢守則

会計の神さまが教えてくれたお金のルール

作　　者：天野敦之
譯　　者：婁愛蓮
校　　對：羅煥耿
責任編輯：林麗文
封面設計：萬勝安
內文排版：王氏研創藝術有限公司
印　　務：黃禮賢、李孟儒

總 編 輯：林麗文
副 總 編：梁淑玲、黃佳燕
行銷企劃：林彥伶、朱妍靜

社　　長：郭重興
發行人兼出版總監：曾大福
出　　版：幸福文化／
　　　　　遠足文化事業股份有限公司
地　　址：231 新北市新店區民權路
　　　　　108-2 號 9 樓
網　　址：https://www.facebook.com/
　　　　　happinessbookrep/
電　　話：(02) 2218-1417
傳　　真：(02) 2218-8057

發　　行：遠足文化事業股份有限公司
地　　址：231 新北市新店區民權路
　　　　　108-2 號 9 樓
電　　話：(02) 2218-1417
傳　　真：(02) 2218-1142
電　　郵：service@bookrep.com.tw
郵撥帳號：19504465
客服電話：0800-221-029
網　　址：www.bookrep.com.tw

法律顧問：華洋法律事務所 蘇文生律師
印　　刷：通南印刷

初版 1 刷：2021 年 3 月
定　　價：350 元

Printed in Taiwan　有著作權 侵犯必究
※ 本書如有缺頁、破損、裝訂錯誤，請寄回更換
※ 特別聲明：有關本書中的言論內容，不代表本
公司 / 出版集團之立場與意見，文責由作者自行
承擔。

會計力的深奧及美妙，是讓讀者懂得活用金錢，

成就自己及更多人的幸福。

學會愛自己、滿足自己和宇宙連結的自我覺察，

「會計力」所帶來的影響是一輩子的！